L'homme du destin

Bernard Shaw

Writat

Cette édition parue en 2023

ISBN : 9789359253855

Publié par
Writat
email : info@writat.com

L'HOMME DU DESTIN

PAR BERNARD SHAW

1898

Le 12 mai 1796, en Italie du Nord, à Tavazzano , sur la route de Lodi à Milan. Le soleil de l'après-midi brille sereinement sur les plaines de Lombardie, traitant les Alpes avec respect et les fourmilières avec indulgence, non gênées par le soleil des porcs et des bœufs dans les villages ni blessées par la fraîcheur de l'accueil dans les églises, mais farouchement dédaigneuses de deux hordes d'insectes malicieux que sont les armées française et autrichienne. L'avant-veille, à Lodi, les Autrichiens avaient tenté d'empêcher les Français de traverser le fleuve par le pont étroit qui s'y trouve ; mais les Français, commandés par un général âgé de 27 ans, Napoléon Bonaparte, qui ne connaît pas l'art de la guerre, se précipitèrent sur le pont incendié , appuyés par une formidable canonnade à laquelle le jeune général assistait de ses propres mains. La canonnade est sa spécialité technique ; il a été formé à l'artillerie sous l'ancien régime et perfectionné dans l'art militaire de se soustraire à ses devoirs, d'escroquer le payeur sur les frais de voyage et de rendre la guerre digne du bruit et de la fumée du canon, comme le montrent tous les portraits militaires. Il est cependant un observateur original, et a perçu, pour la première fois depuis l'invention de la poudre, qu'un boulet de canon, s'il frappe un homme, le tue. A la compréhension approfondie de cette découverte remarquable, il ajoute une faculté très évoluée de géographie physique et de calcul des temps et des distances. Il possède une puissance de travail prodigieuse et une connaissance claire et réaliste de la nature humaine dans les affaires publiques, pour l'avoir vue minutieusement testée dans ce domaine pendant la Révolution française. Il est imaginatif sans illusions et créatif sans religion, loyauté, patriotisme ou aucun des idéaux communs. Non qu'il soit incapable de réaliser ces idéaux : au contraire, il les a tous avalés dans son enfance, et maintenant, doté d'une vive faculté dramatique, il est extrêmement habile à les exploiter par les arts de l'acteur et du metteur en scène. Pour autant, ce n'est pas un enfant gâté. La pauvreté, la malchance, les changements de noblesse impécunible, les échecs répétés en tant qu'auteur potentiel, l'humiliation en tant que serveur de temps repoussé, les reproches et les punitions en tant qu'officier incompétent et malhonnête, une évasion si étroite du renvoi du service que si l'émigration des nobles n'avait pas élevé la valeur du lieutenant le plus coquin au prix de famine d'un général, il eût été balayé avec mépris de l'armée : ces épreuves lui ont ôté toute vanité et l'ont forcé à être lui-même. -suffisant et comprendre qu'à des hommes comme lui, le monde ne donnera rien qu'il ne puisse lui retirer par la force. En cela, le monde n'est pas exempt de lâcheté et de folie ; car Napoléon, en tant que canonnier impitoyable de bêtises politiques, se rend utile. en effet, il est encore aujourd'hui impossible de vivre en Angleterre sans sentir parfois combien ce pays a perdu à n'avoir pas été conquis par lui aussi bien que par Jules César.

Pourtant, en cet après-midi de mai 1796, il est tôt pour lui. Il n'a que 26 ans et n'est devenu général que récemment, en partie en utilisant sa femme pour séduire le Directoire (qui gouvernait alors la France) en partie à cause de la pénurie d'officiers causée par l'émigration susmentionnée ; en partie par sa faculté de connaître un pays, avec toutes ses routes, rivières, collines et vallées, comme il connaît la paume de sa main ; et en grande partie par sa nouvelle foi dans l'efficacité du tir au canon sur les gens. Son armée est, quant à la discipline, dans un état qui a tellement choqué certains écrivains modernes devant lesquels l'histoire suivante a été jouée, que ceux-ci, impressionnés par la gloire ultérieure de « L'Empereur », ont complètement refusé de le croire. Mais Napoléon n'est pas encore « L'Empereur » : il vient tout juste d'être surnommé « Le Petit Caporal » et est en train de gagner de l'influence sur ses hommes par des démonstrations de courage. Il n'est pas en mesure de leur imposer sa volonté, à la manière militaire orthodoxe, par le chat à neuf queues. La Révolution française, qui n'a échappé à la répression que grâce à l'habitude de la monarchie d'être en retard d'au moins quatre ans envers ses soldats en matière de solde, a substitué à cette habitude, autant que possible, l'habitude de ne pas payer du tout, sauf en promesses et en flatteries patriotiques qui ne sont pas compatibles avec une loi martiale de type prussien. Napoléon s'est donc approché des Alpes avec des hommes sans argent, en haillons, et par conséquent peu disposés à supporter beaucoup de discipline, surtout de la part de généraux parvenus. Cette circonstance, qui eût embarrassé un soldat idéaliste, a valu mille canons à Napoléon. Il a dit à son armée : « Vous avez du patriotisme et du courage ; mais vous n'avez pas d'argent, pas de vêtements et une nourriture déplorablement indifférente. En Italie, il y a toutes ces choses, et aussi la gloire, à gagner par une armée dévouée dirigée par un général qui considère le butin comme le droit naturel du soldat. Je suis un tel général . avant , mes enfants!" Le résultat l'a entièrement justifié. L'armée conquiert l'Italie comme les sauterelles ont conquis Chypre. Ils se battent toute la journée et marchent toute la nuit, parcourant des distances impossibles et apparaissant dans des endroits incroyables, non pas parce que chaque soldat porte un bâton de maréchal. dans son sac à dos, mais parce qu'il espère y transporter au moins une demi-douzaine de fourchettes en argent le lendemain.

Il faut d'ailleurs comprendre que l'armée française ne fait pas la guerre aux Italiens. Elle est là pour les délivrer de la tyrannie de leurs conquérants autrichiens et leur conférer des institutions républicaines ; de sorte qu'en les pillant accidentellement, il ne fait que rendre libres les biens de ses amis, qui devraient lui en être reconnaissants, et le seraient peut-être si l'ingratitude n'était pas le défaut proverbial de leur pays. Les Autrichiens qu'elle combat sont une armée régulière tout à fait respectable, bien disciplinée, commandée par des gentilshommes entraînés et versés dans l'art de la guerre : à leur tête Beaulieu, pratiquant l'art de la guerre classique sous les ordres de Vienne, et se faisant horriblement battu par Napoléon, qui agit sous sa propre responsabilité au mépris des précédents professionnels ou des ordres de Paris. Même lorsque les Autrichiens gagnent une bataille, il suffit d'attendre que leur routine les oblige à retourner dans leurs quartiers pour prendre le thé de l'après-midi, pour ainsi dire, et de le reconquérir : une démarche poursuivie plus tard avec un brillant succès à Marengo. Dans l'ensemble, avec son ennemi handicapé par l'esprit d'État autrichien, le généralisme classique et les exigences de la structure sociale aristocratique de la société viennoise, Napoléon trouve qu'il est possible d'être irrésistible sans accomplir de miracles héroïques. Mais le monde aime les miracles et les héros et est tout à fait incapable de concevoir l'action de forces telles que le militarisme académique ou le salon viennois . C'est pourquoi on a déjà commencé à fabriquer " L'Empereur ", et ainsi il est difficile aux romantiques d'un siècle plus tard de créditer la petite scène dont il s'agit aujourd'hui à Tavazzano comme je l'ai dit.

Les meilleurs quartiers de Tavazzano sont dans une petite auberge, la première maison où arrivent les voyageurs qui passent par là de Milan à Lodi. Il se trouve dans un vignoble ; et sa pièce principale, refuge agréable contre la chaleur de l'été, est si largement ouverte sur l'arrière de ce vignoble qu'elle est presque une grande véranda. Les enfants les plus hardis, très excités par les alarmes et les excursions de ces derniers jours, et par une irruption des troupes françaises à six heures, savent que le commandant français s'est cantonné dans cette salle, et sont partagés entre l'envie de jeter un coup d'œil aux fenêtres de la devanture et une terreur mortelle de la sentinelle, un jeune gentleman-soldat, qui, n'ayant pas de moustache naturelle, s'en est fait peindre une des plus féroces sur le visage avec du cirage de bottes par son sergent. Comme son lourd uniforme, comme tous les uniformes de ce temps-là, est conçu pour la parade sans le moindre souci de sa santé ou de son confort, il transpire abondamment au soleil ; et sa moustache peinte a couru en petites stries le long de son menton et autour de son cou, sauf là où elle a séché en flocons rigides peints au japon, et son contour large a été écaillé en petites baies et promontoires grotesques, le rendant indiciblement ridicule aux yeux de l'Histoire. cent ans plus tard, mais monstrueux et horrible pour l'enfant contemporain de l'Italie du Nord, à qui rien ne semblerait plus naturel que de soulager la monotonie de sa garde en enfonçant avec sa baïonnette un enfant égaré et en le mangeant cru. Néanmoins, une jeune fille de mauvaise moralité, chez qui un instinct de privilège envers les soldats se fait déjà jour, jette un coup d'œil par la fenêtre la plus sûre pendant un moment, avant qu'un regard et un tintement de la sentinelle ne la fasse voler. La plupart de ce qu'elle voit, elle l'a déjà vu : le vignoble au fond, avec le vieux pressoir et une charrette parmi les vignes ; la porte se ferme sur sa droite et mène à l'entrée de l'auberge ; le meilleur buffet du propriétaire, maintenant en pleine activité pour le dîner, plus en retrait du même côté ; la cheminée de l'autre côté, avec un canapé près d'elle, et une autre porte, menant aux pièces intérieures, entre elle et la vigne ; et la table du milieu avec son repas de risotto milanais, de fromage, de raisins, de pain, d'olives et une grande fiole en osier de vin rouge.

Le propriétaire, Giuseppe Grandi , n'est pas non plus une nouveauté. C'est un petit homme de 40 ans, basané, vif, astucieusement joyeux, frisé noir, à tête ronde et souriant. Naturellement un excellent hôte, il est d'une humeur assez particulière ce soir grâce à la chance d'avoir le commandant français comme invité à protéger. lui contre la licence des troupes, et arbore en fait une paire de boucles d'oreilles en or qu'il aurait autrement soigneusement cachées sous le pressoir avec son petit équipement d'argenterie.

Napoléon, assis face à elle de l'autre côté de la table, et le chapeau, l'épée et la cravache de Napoléon posés sur le canapé, qu'elle voit pour la première fois. Il travaille dur, en partie sur son repas, qu'il a découvert comment répartir, en attaquant tous les plats simultanément, en dix minutes (cette pratique est le début de sa chute), et en partie sur une carte qu'il corrige de mémoire. , marquant occasionnellement la position des forces en sortant une peau de raisin de sa bouche et en la plantant sur la carte avec son pouce comme une plaquette. Il a devant lui une provision de matériel d'écriture mélangé en désordre avec les plats et les burettes ; et ses cheveux longs se retrouvent tantôt dans la sauce du risotto, tantôt dans l'encre.

GIUSEPPE. Votre Excellence...

NAPOLÉON (intentionné sur sa carte, mais se bourrant machinalement de la main gauche). Ne parle pas. Je suis occupé.

GIUSEPPE (avec une bonne humeur parfaite). Excellence : J'obéis.

NAPOLÉON. Un peu d'encre rouge.

GIUSEPPE. Hélas! Excellence, il n'y en a pas.

NAPOLÉON (avec facétie corse). Tuez quelque chose et apportez-moi son sang.

GIUSEPPE (souriant). Il n'y a que le cheval de Votre Excellence, la sentinelle, la dame d'en haut et ma femme.

NAPOLÉON. Tue ta femme.

GIUSEPPE. Volontiers, Votre Excellence ; mais malheureusement je ne suis pas assez fort. Elle me tuerait.

NAPOLÉON. Cela fera tout aussi bien l'affaire.

GIUSEPPE. Votre Excellence me fait trop d'honneur. (Tendant la main vers le flacon.) Peut-être qu'un peu de vin répondra au dessein de Votre Excellence.

NAPOLÉON (protégeant précipitamment le flacon et devenant très sérieux). Vin! Non : ce serait du gaspillage. Vous êtes tous pareils : du gaspillage ! déchets! déchets! (Il marque la carte avec de la sauce, utilisant sa fourchette comme stylo.) Dégagez. (Il finit son vin, repousse sa chaise et utilise sa serviette, étirant ses jambes et se penchant en arrière, mais toujours fronçant les sourcils et réfléchissant.)

GIUSEPPE (débarrasser la table et déposer les affaires sur un plateau du buffet). Chacun à son métier, Excellence. Nous, aubergistes, avons du vin bon marché en abondance : nous n'hésitons pas à le renverser. Vous, grands généraux, avez beaucoup de sang bon marché : vous ne pensez pas à le répandre. N'est-ce pas, Excellence ?

NAPOLÉON. Le sang ne coûte rien : le vin coûte de l'argent. (Il se lève et se dirige vers la cheminée .)

GIUSEPPE. On dit que vous faites attention à tout sauf à la vie humaine, Excellence.

NAPOLÉON. La vie humaine, mon ami, est la seule chose qui prend soin d'elle-même. (Il se jette à son aise sur le canapé.)

GIUSEPPE (l'admirant). Ah, Excellence, que nous sommes tous idiots à côté de vous ! Si seulement je pouvais découvrir le secret de votre réussite !

NAPOLÉON. Vous vous feriez empereur d'Italie, hein ?

GIUSEPPE. Trop gênant, Excellence : je vous laisse tout cela. D'ailleurs, que deviendrait mon auberge si j'étais Empereur ? Voyez comme vous aimez me regarder pendant que je garde l'auberge pour vous et que je vous attends ! Eh bien, j'aurai plaisir à vous regarder pendant que vous deviendrez empereur de l'Europe et que vous gouvernerez le pays pour moi. (Tout en bavardant, il enlève le tissu sans ôter la carte et l'encrier, et prend les coins dans ses mains et le milieu du bord dans sa bouche, pour le plier.)

NAPOLÉON. Empereur de l'Europe, hein ? Pourquoi seulement l'Europe ?

GIUSEPPE. Pourquoi, en effet ? Empereur du monde, Excellence ! Pourquoi pas? (Il plie et enroule le tissu, soulignant ses phrases par les étapes du processus.) Un homme est comme un autre (pli) : un pays est comme un autre (pli) : une bataille est comme une autre. (Au dernier pli, il pose la nappe sur la table et l'enroule adroitement, ajoutant, en guise de péroraison) Conquérir un : conquérir tous. (Il apporte le torchon au buffet et le met dans un tiroir.)

NAPOLÉON. Et gouverner pour tous ; combattez pour tous ; être le serviteur de tout le monde sous couvert d'être le maître de tout le monde : Giuseppe.

GIUSEPPE (au buffet). Excellence.

NAPOLÉON. Je t'interdis de me parler de moi.

GIUSEPPE (venant au pied du canapé). Pardon. Votre Excellence est si différente des autres grands hommes. C'est le sujet qu'ils préfèrent.

NAPOLÉON. Eh bien, parlez-moi du sujet qui leur plaît le plus, quel qu'il soit.

GIUSEPPE (sans vergogne). Volontiers, Votre Excellence. Votre Excellence aurait-elle par hasard aperçu la dame à l'étage ?

(Napoléon se redresse aussitôt et le regarde avec un intérêt qui justifie entièrement l'épigramme implicite.)

NAPOLÉON. Quel âge a-t-elle?

GIUSEPPE. Le bon âge, Excellence.

NAPOLÉON. Voulez-vous dire dix-sept ou trente ans ?

GIUSEPPE. Trente, Excellence.

NAPOLÉON. Beau ?

GIUSEPPE. Je ne peux pas voir avec les yeux de Votre Excellence : chacun doit en juger par lui-même. À mon avis, Excellence, une belle figure de dame. (Sournoisement.) Dois-je mettre la table pour sa collation ici ?

NAPOLÉON (brusquement, se levant). Non : ne posez rien ici jusqu'au retour de l'officier que j'attends. (Il regarde sa montre et se met à marcher entre la cheminée et la vigne.)

GIUSEPPE (avec conviction). Excellence : croyez-moi, il a été capturé par les maudits Autrichiens. Il n'oserait pas vous faire attendre s'il était libre.

NAPOLÉON (se tournant au bord de l'ombre de la véranda). Giuseppe : si cela s'avère vrai, cela me mettrait dans une telle humeur que rien d'autre que te pendre, toi et toute ta maison, y compris la dame d'en haut, me satisferait.

GIUSEPPE. Nous sommes tous joyeusement à la disposition de Votre Excellence, sauf la dame. Je ne peux pas répondre à sa place ; mais aucune dame ne pourrait vous résister, général.

NAPOLÉON (aigre, reprenant sa marche). Hum ! Vous ne serez jamais pendu. Il n'y a aucune satisfaction à pendre un homme qui ne s'y oppose pas.

GIUSEPPE (avec sympathie). Pas le moindre au monde, Excellence : n'est-ce pas ? (Napoléon regarde de nouveau sa montre, visiblement inquiet.) Ah ! on voit que vous êtes un grand homme, Général : vous savez attendre. Si c'était un caporal maintenant, ou un sous-lieutenant, au bout de trois minutes il jurerait, fulminerait, menacerait, nous tirerait la maison autour des oreilles.

NAPOLÉON. Giuseppe : tes flatteries sont insupportables. Allez parler dehors. (Il se rassied à table, la mâchoire dans les mains, les coudes appuyés sur la carte, la contemplant avec une expression troublée.)

GIUSEPPE. Volontiers, Votre Excellence. Vous ne serez pas dérangé. (Il prend le plateau et s'apprête à se retirer.)

NAPOLÉON. Dès qu'il reviendra, envoie-le-moi.

GIUSEPPE. Instantanément, Votre Excellence.

UNE VOIX DE DAME (appelant d'une partie éloignée de l'auberge). Giusep -pe! (La voix est très musicale et les deux notes finales forment un intervalle ascendant.)

NAPOLÉON (surpris). Qu'est ce que c'est? Qu'est ce que c'est?

GIUSEPPE (posant le bout de son plateau sur la table et se penchant pour parler avec plus de confidentialité). La dame, Excellence.

NAPOLÉON (distraitement). Oui. Quelle dame ? La dame de qui ?

GIUSEPPE. L'étrange dame, Excellence.

NAPOLÉON. Quelle étrange dame ?

GIUSEPPE (avec un haussement d'épaules). Qui sait? Elle est arrivée ici une demi-heure avant vous dans une voiture de location appartenant à l'Aigle royal de Borghetto . En fait, par elle-même, Excellence. Pas de domestiques. Une trousse de toilette et une malle : c'est tout. Le postillon dit qu'elle a laissé un cheval, un destrier, avec des atours militaires, à l'Aigle royal.

NAPOLÉON. Une femme avec un chargeur ! C'est extraordinaire.

LA VOIX DE DAME (les deux notes finales formant maintenant un intervalle péremptoire descendant). Giuseppe !

NAPOLÉON (se levant pour écouter). C'est une voix intéressante.

GIUSEPPE. C'est une dame intéressante, Excellence. (Appelant.) J'arrive, madame, j'arrive. (Il se dirige vers la porte intérieure.)

NAPOLÉON (l'arrêtant d'une main forte sur l'épaule). Arrêt. Laissez-la venir.

VOIX. Giuseppe !! (Impatiemment.)

GIUSEPPE, suppliant. Laissez-moi partir, Excellence. C'est mon point d'honneur d'aubergiste de venir dès que je suis appelé. Je fais appel à vous en tant que soldat.

UNE VOIX D'HOMME (dehors, à la porte de l'auberge, criant). Ici, quelqu'un. Bonjour! Propriétaire. Où es-tu? (Quelqu'un frappe vigoureusement avec le manche d'un fouet sur un banc dans le couloir.)

NAPOLÉON (reprenant tout à coup le commandement et renversant Giuseppe). Le voilà enfin. (Montrant la porte intérieure.) Partez. Occupez-vous de vos affaires : la dame vous appelle. (Il se dirige vers la cheminée et lui tourne le dos d'un air militaire déterminé.)

GIUSEPPE (retenant son souffle, saisissant son plateau). Certainement, Excellence. (Il sort précipitamment par la porte intérieure.)

LA VOIX DE L'HOMME (avec impatience). Vous dormez tous ici ? (La porte en face de la cheminée s'ouvre brutalement à coups de pied ; et un sous-lieutenant poussiéreux fait irruption dans la pièce. C'est un jeune homme de 24 ans, à la tête ricaneuse, avec la peau blonde, délicate et claire d'un homme de rang, et un esprit de soi. - assurance sur ce terrain que la Révolution française n'a pas réussi à ébranler le moins du monde. Il a une lèvre épaisse et idiote, un œil avide et crédule, un nez obstiné et une voix forte et confiante. Un jeune homme sans peur, sans respect, sans imagination dénuée de sens, désespérément insensible à l'idée napoléonienne ou à toute autre idée, prodigieusement égoïste, éminemment qualifiée pour se précipiter là où les anges ont peur de mettre les pieds, mais d'une vigoureuse vitalité bavarde qui l'entraîne dans le vif du sujet. vexation, qu'un observateur superficiel peut attribuer à son impatience de ne pas être promptement soigné par le personnel de l'auberge, mais dans laquelle un œil plus perspicace peut percevoir une certaine profondeur morale, révélatrice d'un grief plus permanent et plus important. est suffisamment interloqué pour se retenir et saluer ; mais il ne trahit par ses manières aucune de cette conscience prophétique de Marengo et d'Austerlitz, de Waterloo et de Sainte-Hélène, ou des tableaux napoléoniens de Delaroche et de Meissonier, que la culture moderne attend instinctivement de lui.)

NAPOLÉON, brusquement. Eh bien, monsieur, vous voilà enfin. Vos instructions étaient que j'arriverais ici à six heures, et que je vous trouverais en train de m'attendre avec mon courrier de Paris et des dépêches . Il est maintenant huit heures moins vingt. Vous avez été envoyé dans ce service en tant que cavalier acharné avec le cheval le plus rapide du camp. Vous arrivez avec une centaine de minutes de retard, à pied. Où est ton cheval !

LE LIEUTENANT (enlevant ses gants d'un air maussade et les jetant avec sa casquette et son fouet sur la table). Ah ! où en effet ? C'est exactement ce que j'aimerais savoir, Général. (Avec émotion.) Vous ne savez pas à quel point j'aimais ce cheval.

NAPOLÉON (avec colère sarcastique). En effet! (Avec une soudaine appréhension.) Où sont les lettres et les dépêches ?

LE LIEUTENANT (surtout, plutôt content qu'autrement d'avoir des nouvelles remarquables). Je ne sais pas.

NAPOLÉON (n'en croit pas ses oreilles). Vous ne savez pas !

LIEUTENANT. Pas plus que vous, Général. Maintenant, je suppose que je serai traduit en cour martiale . Eh bien, cela ne me dérange pas d'être traduit en cour martiale ; mais (avec une détermination solennelle) je vous le dis, Général, si jamais j'attrape ce jeune à l'air innocent, je gâterai sa beauté, le petit menteur gluant ! Je ferai une photo de lui. Je vais-

NAPOLÉON (s'avançant du foyer à la table). Quel jeune à l'air innocent ? Ressaisissez-vous, monsieur, voulez-vous ; et rends compte de toi.

LIEUTENANT (lui faisant face, de l'autre côté de la table, s'appuyant dessus avec ses poings). Oh, je vais bien, Général : je suis tout à fait prêt à rendre compte de moi-même. Je ferai bien comprendre à la cour martiale que ce n'était pas ma faute. On a profité du meilleur côté de ma nature ; et je n'en ai pas honte. Mais avec tout le respect que je vous dois en tant que commandant, Général, je vous répète que si jamais je pose les yeux sur ce fils de Satan, je...

NAPOLÉON (en colère). Alors tu l'as déjà dit.

LIEUTENANT (se redressant). Je le répète, attends juste de l'attraper. Attendez : c'est tout. (Il croise résolument les bras et respire fort, les lèvres comprimées.)

NAPOLÉON. J'attends, monsieur, votre explication.

LIEUTENANT (avec assurance). Vous changerez de ton, Général, quand vous saurez ce qui m'est arrivé.

NAPOLÉON. Il ne vous est rien arrivé, monsieur : vous êtes vivant et non handicapé. Où sont les papiers qui vous sont confiés ?

LIEUTENANT. Rien! Rien!! Ohh ! Eh bien, nous verrons. (Il se pose pour accabler Napoléon de ses nouvelles.) Il m'a juré une fraternité éternelle. Ce n'était rien ? Il a dit que mes yeux lui rappelaient ceux de sa sœur. Ce n'était rien ? Il a pleuré – effectivement pleuré – à cause de l'histoire de ma séparation d'avec Angelica. Ce n'était rien ? Il paya les deux bouteilles de vin, mais ne mangea lui-même que du pain et du raisin. Peut-être que vous appelez cela rien ! Il m'a donné ses pistolets, son cheval et ses dépêches — les dépêches les plus importantes — et m'a laissé partir avec eux. (Triomphalement, voyant qu'il a réduit Napoléon à une stupeur vide.) N'était-ce rien ?

NAPOLÉON (affaibli d'étonnement). Pourquoi a-t-il fait ça ?

LIEUTENANT (comme si la raison était évidente). Pour me montrer sa confiance. (La mâchoire de Napoléon ne tombe pas exactement ; mais ses charnières deviennent sans nerf. Le lieutenant continue avec une honnête indignation.) Et j'étais digne de sa confiance : je les ai tous ramenés honorablement. Mais le croiriez-vous ? – quand je lui ai confié MES pistolets, et MON cheval, et MES dépêches –

NAPOLÉON (enragé). Pourquoi diable as-tu fait ça ?

LIEUTENANT. Eh bien, pour lui montrer ma confiance, bien sûr. Et il l'a trahi – il en a abusé – il n'est jamais revenu. Le voleur! l'escroc ! le petit voyou sans cœur et perfide ! Vous n'appelez rien, je suppose. Mais écoutez, Général : (recourant à nouveau à la table avec son poing pour insister davantage) VOUS pouvez supporter cet outrage des Autrichiens si vous le souhaitez ; mais pour ma part, je vous dis que si jamais j'attrape...

NAPOLÉON (tournant les talons avec dégoût et reprenant avec irritation sa marche de long en large). Oui : vous l'avez déjà dit à plusieurs reprises.

LIEUTENANT (avec enthousiasme). Plus d'une fois! Je le dirai cinquante fois ; et en plus, je le ferai. Vous verrez, Général. Je lui montrerai ma confiance, alors je le ferai. Je vais-

NAPOLÉON. Oui, oui, monsieur : vous le ferez sans aucun doute. Quel genre d'homme était-il ?

LIEUTENANT. Eh bien, je pense que vous devriez pouvoir déterminer, d'après sa conduite, quel genre d'homme il était.

NAPOLÉON. Psh ! Comment était-il?

LIEUTENANT. Comme! Il est comme... eh bien, vous auriez dû voir ce type : cela vous donnera une idée de ce qu'il était. Il ne sera plus comme ça cinq minutes après que je l'ai attrapé ; car je vous dis que si jamais...

NAPOLÉON (criant furieusement pour l'aubergiste). Giuseppe ! (Au lieutenant, avec patience.) Taisez-vous, monsieur, si vous le pouvez.

LIEUTENANT. Je vous préviens, ça ne sert à rien d'essayer de me rejeter la faute. (Plaintivement.) Comment pourrais-je savoir quel genre d'homme il était ? (Il prend une chaise entre le buffet et la porte extérieure, la place près de la table et s'assoit.) Si vous saviez comme j'ai faim et comme je suis fatigué , vous auriez plus de considération.

GIUSEPPE (revenant). Qu'y a-t-il, Excellence ?

NAPOLÉON (luttant contre son caractère). Prenez ceci... cet officier. Le nourrir; et mettez-le au lit, si nécessaire. Quand il sera de nouveau sain d'esprit, découvrez ce qui lui est arrivé et prévenez-moi. (Au lieutenant.) Considérez-vous en état d'arrestation, monsieur.

LIEUTENANT (avec une raideur boudeuse). J'étais préparé à cela. Il faut un gentleman pour comprendre un gentleman. (Il jette son épée sur la table. Giuseppe la prend et la tend poliment à Napoléon, qui la jette violemment sur le canapé.)

GIUSEPPE (avec une inquiétude sympathique). Avez-vous été attaqué par les Autrichiens, lieutenant ? Cher, cher, cher !

LIEUTENANT (avec mépris). Attaqué ! J'aurais pu lui casser le dos entre mon doigt et mon pouce. J'aurais aimé l'avoir, maintenant. Non : c'était en faisant appel au meilleur côté de ma nature : c'est de cela que je n'arrive pas à me remettre. Il a dit qu'il n'avait jamais rencontré un homme qu'il aimait autant que moi. Il m'a mis son mouchoir autour du cou parce qu'un moucheron m'avait mordu et que mon cheptel le irritait. Regarder! (Il sort un mouchoir de son stock. Giuseppe le prend et l'examine.)

GIUSEPPE (à Napoléon). Un mouchoir de dame, Excellence. (Il le sent.) Parfumé !

NAPOLÉON. Hein ? (Il le prend et le regarde attentivement.) Hm ! (Il le sent.) Ha ! (Il traverse la pièce d'un air pensif, regardant le mouchoir qu'il finit par enfoncer dans la poitrine de son manteau.)

LIEUTENANT. Assez bien pour lui, en tout cas. J'ai remarqué qu'il avait des mains de femme lorsqu'il touchait mon cou, avec ses manières câlines et flatteuses, le petit chien méchant et efféminé. (Baissant la voix avec une intensité palpitante.) Mais notez mes paroles, Général. Si jamais-

LA VOIX DE DAME (dehors, comme avant). Giuseppe!

LIEUTENANT (pétrifié). Ca c'était quoi?

GIUSEPPE. Seule une dame à l'étage, lieutenant, m'appelle.

LIEUTENANT. Dame!

VOIX. Giuseppe, Giuseppe : où es-tu ?

LIEUTENANT, meurtrier. Donnez-moi cette épée. (Il se dirige vers le canapé, saisit l'épée et la dégaine.)

GIUSEPPE (se précipitant et lui saisissant le bras droit.) A quoi pensez-vous, lieutenant ? C'est une dame : n'entendez-vous pas que c'est une voix de femme ?

LIEUTENANT. C'est SA voix, je vous le dis. Laisse-moi partir. (Il s'écarte et se précipite vers la porte intérieure. Elle s'ouvre devant lui et la Dame Étrange entre. C'est une dame très séduisante, grande et extraordinairement gracieuse, avec un visage délicatement intelligent, inquiet et interrogateur - perception dans le front, sensibilité dans les narines, caractère dans le menton : tout est vif, raffiné et original. Elle est très féminine, mais en aucun cas faible : la silhouette souple et tendre est accrochée à une armature solide : les mains et les pieds, le cou et Les épaules, ne sont pas des ornements fragiles, mais d'une grandeur proportionnée à sa stature, qui dépasse considérablement celle de Napoléon et de l'aubergiste, et ne la laisse en aucun désavantage auprès du lieutenant. Seules son élégance et son charme radieux gardent le secret de sa taille et de sa taille. Elle n'est pas, à en juger par sa tenue, une admiratrice des dernières modes du Directoire, ou peut-être utilise-t-elle ses vieilles robes pour voyager. En tout cas, elle ne porte ni veste à revers extravagants , ni faux chiton gréco-tallien , rien, en effet, que la princesse de Lamballe n'aurait pu porter. Sa robe de soie fleurie est taille longue, avec un pli Watteau derrière, mais avec les paniers réduits à de simples rudiments, car elle est trop grande pour eux. Il est coupé bas du cou, où il est souligné par un fichu crémeux. Elle est blonde, avec des cheveux châtain doré et des yeux gris.)

(Elle entre avec la maîtrise d'elle-même d'une femme habituée aux privilèges du rang et de la beauté. L'aubergiste, qui a d'excellentes manières naturelles, l'apprécie beaucoup. Napoléon, sur qui ses yeux se posent d'abord, est immédiatement frappé, gêné. " Sa couleur s'accentue : il devient plus raide et moins à l'aise qu'auparavant. Elle s'en aperçoit instantanément, et, pour ne pas le gêner, se retourne d'une manière infiniment bien élevée pour porter le respect d'un regard à l'autre monsieur, qui regarde fixement. sa robe, comme au dernier chef-d'œuvre de la terre de dissimulation perfide, avec des sentiments tout à fait inexprimables et indescriptibles. En le regardant, elle devient mortellement pâle. Il n'y a aucun doute sur son expression : une révélation d'une erreur fatale tout à fait inattendue, a soudainement été consternée. elle est au milieu de la tranquillité , de la sécurité et de la victoire. L'instant d'après, une vague de couleurs surgit de dessous le fichu crémeux et noie tout son visage. On voit qu'elle rougit sur tout son corps. Même le lieutenant, d'ordinaire incapable de l'observateur, et tout à l'heure perdu dans le tumulte de sa colère, peut voir une chose lorsqu'elle est peinte en rouge pour lui. Interprétant le rougissement comme l'aveu involontaire d'une tromperie noire face à sa victime, il le montre du doigt avec un grand corbeau de triomphe rétributif, puis, la

saisissant par le poignet, l'entraîne devant lui
dans la pièce alors qu'il claque la porte. et se
plante dos à lui.)

LIEUTENANT. Alors je t'ai, mon garçon. Alors tu t'es déguisé, n'est-ce pas
? (D'une voix de tonnerre.) Enlève cette jupe.

GIUSEPPE (remontrant). Oh, lieutenant !

DAME (effrayée, mais très indignée qu'il ait osé la toucher). Messieurs : je
fais appel à vous. Giuseppe. (Faire un mouvement comme pour courir
vers Giuseppe.)

LIEUTENANT, s'interposant, l'épée à la main. Non, ce n'est pas le cas.

DAME (se réfugiant chez Napoléon). Ah ! monsieur, vous êtes un officier,
un général. Vous me protégerez, n'est-ce pas ?

LIEUTENANT. Peu importe, général. Laissez-moi m'occuper de lui.

NAPOLÉON. Avec lui! Avec qui, monsieur ? Pourquoi traitez-vous cette
dame de cette façon ?

LIEUTENANT. Dame! C'est un homme ! l'homme en qui j'ai montré ma
confiance. (S'avançant d'un air menaçant.) Ici vous...

DAME (courant derrière Napoléon et embrassant dans son agitation le bras
qu'il tend instinctivement devant elle en guise de fortification). Oh,
merci, Général. Gardez-le à l'écart.

NAPOLÉON. C'est absurde, monsieur. Il s'agit bien d'une dame (elle lâche
soudain son bras et rougit à nouveau) ; et vous êtes en état
d'arrestation. Posez votre épée, monsieur, instantanément.

LIEUTENANT. Général : Je vous dis que c'est un espion autrichien. Il s'est
fait passer cet après-midi pour un homme de l'état-major du général
Masséna ; et maintenant il se fait passer pour une femme. Dois-je en
croire mes propres yeux ou non ?

DAME. Général : ça doit être mon frère. Il fait partie de l'état-major du
général Masséna. Il me ressemble beaucoup.

LIEUTENANT (son esprit cède). Veux-tu dire que tu n'es pas ton frère,
mais ta sœur ? — la sœur qui me ressemblait tant ? — qui avait mes
beaux yeux bleus ? C'était un mensonge : tes yeux ne sont pas comme
les miens : ils sont exactement comme les tiens. Quelle perfidie !

NAPOLÉON. Lieutenant : allez-vous obéir à mes ordres et quitter la pièce,
puisque vous êtes enfin convaincu que ce n'est pas un gentleman ?

LIEUTENANT. Gentilhomme! Je devrais penser que non. Aucun gentleman n'aurait abusé de ma confiance ...

NAPOLÉON (hors de patience). Assez, monsieur, assez. Voulez-vous quitter la pièce. Je vous ordonne de quitter la pièce.

DAME. Oh, je t'en prie, laisse-MOI partir à la place.

NAPOLÉON, sèchement. Excusez-moi, madame. Avec tout le respect que je dois à votre frère, je ne comprends pas encore ce qu'un officier de l'état-major du général Masséna veut avec mes lettres. J'ai quelques questions à vous poser.

GIUSEPPE (discrètement). Venez, lieutenant. (Il ouvre la porte.)

LIEUTENANT. Je pars. Général : prenez garde à moi : soyez sur vos gardes contre le meilleur côté de votre nature. (A la dame.) Madame : mes excuses. Je pensais que vous étiez la même personne, seulement du sexe opposé ; et cela m'a naturellement induit en erreur.

DAME (doucement). Ce n'était pas de ta faute, n'est-ce pas ? Je suis si heureuse que vous ne soyez plus en colère contre moi, lieutenant. (Elle tend la main.)

LIEUTENANT, se penchant vaillamment pour l'embrasser. Oh, madame, pas le lea... (S'examinant et le regardant.) Vous avez la main de votre frère. Et le même genre de bague.

DAME (doucement). Nous sommes jumeaux.

LIEUTENANT. Cela explique cela. (Il lui baise la main.) Mille pardons. Les dépêches ne me dérangeaient pas du tout : c'est plus l' affaire du général que la mienne : c'était un abus de confiance par le meilleur côté de ma nature. (Il prend sur la table sa casquette, ses gants et son fouet et s'en va.) Vous m'excuserez de vous quitter, général, j'espère. Je suis vraiment désolé, j'en suis sûr. (Il se parle hors de la pièce. Giuseppe le suit et ferme la porte.)

NAPOLÉON (les soignant avec une irritation concentrée). Idiot! (La Dame Étrange sourit avec sympathie. Il arrive en fronçant les sourcils dans la pièce entre la table et la cheminée, toute sa maladresse disparue maintenant qu'il est seul avec elle.)

DAME. Comment puis-je vous remercier, Général, pour votre protection ?

NAPOLÉON (se retournant brusquement sur elle). Mes dépêches : venez ! (Il leur tend la main.)

DAME. Général! (Elle pose involontairement les mains sur son fichu comme pour y protéger quelque chose.)

NAPOLÉON. Vous leur avez trompé cet imbécile. Vous vous êtes déguisé en homme. Je veux mes dépêches . Ils sont là, au sein de votre robe, sous vos mains.

DAME (retirant rapidement ses mains). Oh, comme tu me parles méchamment ! (Elle sort son mouchoir de son fichu.) Tu me fais peur. (Elle se touche les yeux comme pour essuyer une larme.)

NAPOLÉON. Je vois que vous ne me connaissez pas madame, sinon vous vous épargneriez la peine de faire semblant de pleurer.

DAME (produisant un effet de sourire à travers ses larmes). Oui, je te connais. Vous êtes le célèbre général Bonaparte. (Elle donne au nom une prononciation italienne marquée Bwaw - na -parr- te .)

NAPOLÉON (en colère, avec la prononciation française). Bonaparte, madame, Bonaparte. Les papiers, s'il vous plaît.

DAME. Mais je vous assure... (Il lui arrache brutalement le mouchoir.) Général ! (Indigné.)

NAPOLÉON (retirant l'autre mouchoir de sa poitrine). Vous avez eu la bonté de prêter un de vos mouchoirs à mon lieutenant lorsque vous l'avez volé. (Il regarde les deux mouchoirs.) Ils sont assortis. (Il les sent.) La même odeur. (Il les jette sur la table.) J'attends les dépêches . Je les prendrai, s'il le faut, avec aussi peu de cérémonie que le mouchoir. (Cet incident historique fut repris quatre-vingts ans plus tard, par M. Victorien Sardou, dans son drame intitulé « Dora ».)

LA DAME (en signe de reproche digne). Général : menacez-vous les femmes ?

NAPOLÉON (sans détour). Oui.

LA DAME (déconcertée, essayant de gagner du temps). Mais je ne comprends pas. JE-

NAPOLÉON. Vous comprenez parfaitement. Vous êtes venu ici parce que vos employeurs autrichiens ont calculé que j'étais à six lieues. Je me trouve toujours là où mes ennemis ne m'attendent pas. Vous êtes entré dans la fosse aux lions. Viens : tu es une femme courageuse. Soyez raisonnable : je n'ai pas de temps à perdre. Les papiers. (Il avance d'un pas d'un air menaçant).

DAME (s'effondrant dans la rage enfantine de l'impuissance et se jetant en larmes sur la chaise laissée à côté de la table par le lieutenant). Je courage ! Comme vous en savez peu ! J'ai passé la journée dans une agonie de peur. J'ai ici une douleur à cause du serrement de mon cœur à chaque regard suspect, à chaque mouvement menaçant. Pensez-vous que tout le monde est aussi courageux que vous ? Oh, pourquoi les gens courageux ne feraient- ils pas les choses courageuses ? Pourquoi nous les confiez-vous, qui n'avons aucun courage ? Je ne suis pas courageux : je recule devant la violence : le danger me rend malheureux.

NAPOLÉON (intéressé). Alors pourquoi t'es-tu mis en danger ?

DAME. Parce qu'il n'y a pas d'autre solution : je ne peux faire confiance à personne d'autre. Et maintenant tout cela est inutile, tout cela à cause de vous qui n'avez pas peur, parce que vous n'avez ni cœur, ni sentiment, non... (Elle s'interrompt et se jette à genoux.) Ah, général, laissez-moi partir : laissez-moi partir. je pars sans poser de questions. Vous aurez vos dépêches et vos lettres : je le jure.

NAPOLÉON (tendant la main). Oui : je les attends. (Elle halète, intimidée par sa promptitude impitoyable et désespère de l'émouvoir par des cajoleries ; mais alors qu'elle le regarde avec perplexité, il est clair qu'elle se creuse la tête pour trouver un moyen de le déjouer. Il croise son regard avec inflexibilité.)

DAME (se levant enfin avec un petit soupir tranquille). Je vais les chercher pour vous. Ils sont dans ma chambre. (Elle se tourne vers la porte.)

NAPOLÉON. Je vous accompagnerai, madame.

DAME (se redressant d'un air noble et délicatement offensé). Je ne puis vous permettre, général, d'entrer dans ma chambre.

NAPOLÉON. Alors vous resterez ici, madame, pendant que je ferai fouiller votre chambre à la recherche de mes papiers.

DAME (méchante, abandonnant ouvertement son projet). Vous pourriez vous épargner des ennuis. Ils ne sont pas là.

NAPOLÉON. Non : je vous ai déjà dit où ils se trouvent. (Montrant son sein.)

LA DAME (avec une jolie pitié). Général : Je veux seulement garder une petite lettre privée. Seulement un. Laisse moi l'avoir.

NAPOLÉON (froid et sévère). Est-ce une demande raisonnable, Madame ?

DAME (encouragée par le fait qu'il ne refuse pas catégoriquement). Non; mais c'est pourquoi vous devez l'accorder. Vos propres demandes sont-elles raisonnables ? des milliers de vies pour le bien de vos victoires, de vos ambitions, de votre destin ! Et ce que je demande est une si petite chose. Et je ne suis qu'une femme faible, et toi un homme courageux. (Elle le regarde avec des yeux pleins de tendres supplications et est sur le point de s'agenouiller à nouveau devant lui.)

NAPOLÉON (brusquement). Lève toi lève toi. (Il se détourne d'un air maussade et traverse la pièce, s'arrêtant un instant pour dire par-dessus son épaule) Vous dites des bêtises ; et vous le savez. (Elle se lève et s'assoit dans un désespoir presque apathique sur le canapé. Lorsqu'il se retourne et la voit là, il sent que sa victoire est complète et qu'il peut maintenant se livrer à un petit jeu avec sa victime. Il revient et s'assoit. à côté d'elle. Elle a l'air alarmée et s'éloigne un peu de lui ; mais une lueur d'espoir ralliant rayonne dans ses yeux. Il commence comme un homme qui s'amuse à quelque plaisanterie secrète.) Comment savez-vous que je suis un homme courageux ?

DAME (étonnée). Toi! Général Bonaparte. (Prononciation italienne.)

NAPOLÉON. Oui, moi, le général Bonaparte (en soulignant la prononciation française).

DAME. Oh, comment peux-tu poser une telle question ? toi! qui se tenait il y a seulement deux jours au pont de Lodi, l'air plein de mort, se battant en duel au canon de l'autre côté de la rivière ! (Frissonnant.) Oh, vous FAITES des choses courageuses.

NAPOLÉON. Toi aussi.

DAME. JE! (Avec une pensée soudaine et étrange.) Oh ! Es-tu un lâche ?

NAPOLÉON (riant sombrement et se pinçant la joue). C'est la seule question qu'il ne faut jamais poser à un soldat. Le sergent demande la taille de la recrue, son âge, son vent, ses membres, mais jamais son courage. (Il se lève et marche, les mains derrière le dos, la tête baissée, en riant intérieurement.)

LA DAME (comme si elle n'avait pas trouvé ça ridicule). Ah, on peut rire de la peur. Alors vous ne savez pas ce qu'est la peur.

NAPOLÉON (venant derrière le canapé). Dis-moi ça. Supposons que vous ayez pu recevoir cette lettre en venant me voir par le pont de Lodi avant- hier ! Supposons qu'il n'y ait pas d'autre moyen, et que celui-ci soit un moyen sûr – si seulement vous échappiez au canon ! (Elle frémit et se couvre un instant les yeux avec ses mains.) Aurais-tu eu peur ?

DAME. Oh, horriblement peur, terriblement peur. (Elle presse ses mains sur son cœur.) Ça fait mal de l'imaginer.

NAPOLÉON (inflexible). Seriez-vous venu pour les dépêches ?

LA DAME (vaincue par l'horreur imaginée). Ne me demandez pas. J'ai dû venir.

NAPOLÉON. Pourquoi?

DAME. Parce que je le dois. Parce qu'il n'y aurait pas eu d'autre moyen.

NAPOLÉON (avec conviction). Parce que tu aurais suffisamment voulu ma lettre pour supporter ta peur. Il n'existe qu'une seule passion universelle : la peur. Parmi les mille qualités qu'un homme peut avoir, la seule que vous trouverez aussi certainement chez le plus jeune batteur de mon armée que chez moi, c'est la peur. C'est la peur qui pousse les hommes à se battre : c'est l'indifférence qui les fait fuir : la peur est le ressort de la guerre. Peur! Je connais bien la peur, mieux que toi, mieux que n'importe quelle femme. J'ai vu un jour à Paris un régiment de bons soldats suisses massacré par une foule parce que j'avais peur d'intervenir : je me sentais lâche jusqu'au bout des pieds en le regardant. Il y a sept mois , j'ai vengé ma honte en frappant à mort cette foule à coups de boulets de canon. Eh bien, qu'en est-il de cela ? La peur a-t-elle déjà empêché un homme de réaliser ce qu'il voulait vraiment – ou une femme non plus ? Jamais. Viens avec moi; et je vous montrerai vingt mille lâches qui risqueront chaque jour la mort pour le prix d'un verre d'eau-de-vie. Et pensez-vous qu'il n'y a pas de femmes dans l'armée plus courageuses que les hommes, parce que leur vie vaut moins ? Psha ! Je ne pense rien à votre peur ni à votre courage. Si tu avais dû me rencontrer à Lodi, tu n'aurais pas eu peur : une fois sur le pont, tout autre sentiment aurait disparu devant la nécessité – la nécessité – de te frayer un chemin à mes côtés et d'obtenir ce que tu voulais. .

Et maintenant, supposons que vous ayez fait tout cela - supposons que vous soyez ressorti sain et sauf avec cette lettre à la main, sachant que lorsque l'heure est venue, votre peur s'est resserrée, non pas votre cœur, mais votre emprise sur votre propre objectif - qu'elle avait ce n'était plus la peur, c'était devenu la force, la pénétration, la vigilance, la résolution de fer : que répondriez-vous alors si on vous demandait si vous êtes un lâche ?

DAME (se levant). Ah, tu es un héros, un vrai héros.

NAPOLÉON. Caca! il n'y a pas de vrai héros. (Il déambule dans la pièce, se moquant de son enthousiasme, mais nullement mécontent de l'avoir évoqué.)

DAME. Ah oui, il y en a. Il y a une différence entre ce que vous appelez mon courage et le vôtre. Vous vouliez gagner la bataille de Lodi pour vous-même et pour personne d'autre, n'est-ce pas ?

NAPOLÉON. Bien sûr. (Se reprenant soudain.) Arrêtez : non. (Il se ressaisit pieusement et dit, comme un homme qui dirige un service religieux) Je ne suis que le serviteur de la république française, marchant humblement sur les traces des héros de l'antiquité classique. Je gagne des batailles pour l'humanité – pour mon pays, pas pour moi-même.

DAME (déçue). Oh, alors tu n'es qu'une héroïne féminine, après tout. (Elle se rassied, tout son enthousiasme disparu, son coude au bout du canapé et sa joue appuyée sur sa main.)

NAPOLÉON (très étonné). Efféminé!

DAME (avec indifférence). Oui comme moi. (Avec une profonde mélancolie.) Croyez-vous que si je voulais seulement ces dépêches pour moi, j'oserais me battre pour elles ? Non : si c'était tout, je n'aurais même pas le courage de demander à vous voir à votre hôtel. Mon courage n'est que servilité : il ne me sert à rien pour mes propres desseins. Ce n'est que par l'amour, par la pitié, par l'instinct de sauver et de protéger quelqu'un d'autre, que je peux faire les choses qui me terrifient.

NAPOLÉON (avec mépris). Peuh! (Il se détourne légèrement d'elle.)

DAME. Ah ! maintenant tu vois que je ne suis pas vraiment courageux. (Retombé dans une apathie irritable.) Mais de quel droit me méprisez-vous si vous ne gagnez vos batailles que pour les autres ? pour votre pays ! par le patriotisme ! C'est ce que j'appelle une femme : elle ressemble tellement à un Français !

NAPOLÉON (furieux). Je ne suis pas Français.

DAME (innocemment). Je croyais que vous aviez dit que vous aviez gagné la bataille de Lodi pour votre pays, général Bu. Dois-je le prononcer en italien ou en français ?

NAPOLÉON. Vous comptez sur ma patience, madame. Je suis né sujet français, mais pas en France.

DAME (croisant les bras au bout du canapé et s'appuyant dessus avec un intérêt marqué pour lui). Vous n'êtes pas du tout né sujet, je pense.

NAPOLÉON (très content, repartant pour une nouvelle marche). Hein ? Hein ? Vous ne pensez pas.

DAME. J'en suis certain.

NAPOLÉON. Eh bien, peut-être pas. (L'autosatisfaction de son assentiment lui frappe l'oreille. Il s'arrête net, rougissant. Puis, se ressaisissant dans une attitude solennelle, calquée sur les héros de l'Antiquité classique, il prend un ton moral élevé.) Mais nous ne devons pas vivre pour nous seuls, petit. N'oubliez jamais que nous devons toujours penser aux autres, travailler pour les autres, les diriger et les gouverner pour leur propre bien. Le sacrifice de soi est le fondement de toute véritable noblesse de caractère.

DAME (relâchant encore son attitude avec un soupir). Ah, il est facile de voir que vous ne l'avez jamais essayé, Général.

NAPOLÉON (indigné, oubliant Brutus et Scipion). Que voulez-vous dire par ce discours, Madame ?

DAME. N'avez-vous pas remarqué que les gens exagèrent toujours la valeur de ce qu'ils n'ont pas ? Les pauvres pensent qu'ils n'ont besoin que de richesses pour être heureux et bons. Tout le monde adore la vérité, la pureté, le altruisme, pour la même raison : parce qu'ils n'en ont aucune expérience. Oh, s'ils savaient seulement !

NAPOLÉON (avec dérision colérique). S'ils savaient ! Priez, le savez-vous ?

LA DAME (les bras tendus et les mains jointes sur les genoux, regardant droit devant elle). Oui. J'ai eu le malheur de naître bon. (Il le regarde un instant.) Et c'est un malheur, je peux vous le dire, Général. Je suis vraiment honnête et altruiste et tout le reste ; et ce n'est que lâcheté ; manque de caractère; envie d'être vraiment, fortement, positivement soi-même.

NAPOLÉON. Ha? (Se tournant rapidement vers elle avec un éclair de vif intérêt.)

LA DAME (sincèrement, avec un enthousiasme croissant). Quel est le secret de votre pouvoir ? Seulement que tu crois en toi. Vous pouvez vous battre et conquérir pour vous-même et pour personne d'autre. Vous n'avez pas peur de votre propre destin. Vous nous apprenez ce que nous pourrions tous être si nous en avions la volonté et le courage ; et c'est pourquoi (elle s'agenouille soudain devant lui) c'est pourquoi nous commençons tous à t'adorer. (Elle lui baise les mains.)

NAPOLÉON (embarrassé). Tut tut! Levez-vous, madame.

DAME. Ne refusez pas mon hommage : c'est votre droit. Vous serez empereur de France.

NAPOLÉON (précipitamment). Prends soin de toi. Trahison!

DAME (insistant). Oui, empereur de France ; puis de l'Europe ; peut-être du monde. Je ne suis que le premier sujet à prêter allégeance. (En lui baisant à nouveau la main.) Mon Empereur !

NAPOLÉON (vaincu, la relevant). Priez, priez. Non, non, petite : c'est une folie. Viens : sois calme, sois calme. (La caressant.) Là, là, ma fille.

DAME (luttant contre des larmes de joie). Oui, je sais que c'est une impertinence de ma part de vous dire ce que vous devez savoir bien mieux que moi. Mais tu n'es pas en colère contre moi, n'est-ce pas ?

NAPOLÉON. En colère! Non, non : pas un peu, pas un peu. Viens : tu es une petite femme très intelligente, sensée et intéressante. (Il lui tapote la joue.) Devons-nous être amis ?

DAME (enchantée). Ton ami! Tu me laisseras être ton ami ! Oh! (Elle lui tend ses deux mains avec un sourire radieux.) Vous voyez : je vous témoigne ma confiance.

NAPOLÉON (avec un cri de rage, les yeux brillants). Quoi!

DAME. Quel est le problème?

NAPOLÉON. Montre-moi ta confiance ! Pour que je puisse vous témoigner ma confiance en retour en vous laissant me remettre le bordereau des dépêches , hein ? Ah, Dalila, Dalila, tu as essayé tes tours avec moi ; et j'ai été une mouette aussi grande que mon crétin de lieutenant. (Il s'avance vers elle d'un air menaçant.) Venez : les dépêches .... Vite : je ne dois pas être pris à la légère maintenant.

DAME (volant autour du canapé). Général-

NAPOLÉON. Vite, je vous le dis. (Il passe rapidement au milieu de la pièce et l'intercepte alors qu'elle se dirige vers la vigne.)

DAME (aux abois, lui faisant face). Tu oses m'adresser ce ton.

NAPOLÉON. Oser!

DAME. Oui, osez. Qui es-tu pour oser me parler de cette façon grossière ? Oh, l'ignoble et vulgaire aventurier corse se dévoile très facilement en vous.

NAPOLÉON (hors de lui). Toi, elle diable ! (Sauvagement.) Encore une fois, et une seule fois, me donnerez-vous ces papiers ou dois-je vous les arracher — de force ?

DAME (laissant tomber ses mains) . Arrache-les-moi – par la force ! (Alors qu'il la regarde comme un tigre qui va bondir, elle croise les bras sur sa poitrine dans l'attitude d'une martyre. Le geste et la pose éveillent instantanément son instinct théâtral : il oublie sa rage dans le désir de lui montrer qu'en jouant " Elle a aussi rencontré son partenaire. Il la tient un moment en haleine, puis tout à coup éclaircit son visage, met ses mains derrière lui avec un sang-froid provoquant, la regarde de haut en bas à plusieurs reprises, prend une pincée de tabac à priser ; s'essuie soigneusement les doigts et relève son mouchoir, sa pose héroïque devenant de plus en plus ridicule.)

NAPOLÉON (enfin). Bien?

DAME (déconcertée, mais les bras toujours croisés avec dévouement). Eh bien : qu'est-ce que tu vas faire ?

NAPOLÉON. Gâchez votre attitude.

DAME. Espèce de brute ! (abandonnant cette attitude, elle arrive au bout du canapé, où elle lui tourne le dos, s'appuyant contre lui et lui faisant face, les mains derrière elle.)

NAPOLÉON. Ah, c'est mieux. Maintenant, écoute-moi. Je t'aime bien. De plus, j'apprécie votre respect.

DAME. Vous appréciez alors ce que vous n'avez pas.

NAPOLÉON. Je l'aurai tout à l'heure. Maintenant, occupe-toi de moi. Et si je me laissais intimider par le respect dû à votre sexe, à votre beauté, à votre héroïsme et tout le reste ? Supposons que je n'aie rien d'autre qu'une telle étoffe sentimentale pour me tenir entre mes muscles et ces papiers que vous avez sur vous, et que je veux et compte avoir : supposons que, avec le prix à ma portée, je vacille et m'enfuie en douce. avec mes mains vides; ou, ce qui serait pis, dissimuler ma faiblesse en jouant le héros magnanime, et vous épargnant la violence que je n'osais user, ne me mépriseriez-vous pas du fond de votre âme de femme ? Une femme serait-elle aussi idiote ? Eh bien, Bonaparte peut se montrer à la hauteur et agir comme une femme quand cela est nécessaire. Est-ce que tu comprends?

> La dame, sans parler, se redresse et tire de son
> sein un paquet de papiers. Pendant un instant,
> elle a une intense envie de les lui lancer au
> visage. Mais sa bonne éducation la coupe de
> toute méthode vulgaire de soulagement. Elle les
> lui tend poliment, détournant seulement la tête.
> Au moment où il les prend, elle se précipite de
> l'autre côté de la pièce ; se couvre le visage avec
> ses mains; et s'assoit, le corps tourné vers le
> dossier de la chaise.

NAPOLÉON (se réjouissant des papiers). Ah ! C'est exact. C'est **exact**. (Avant de les ouvrir, il la regarde et dit) Excusez-moi. (Il voit qu'elle cache son visage.) Très en colère contre moi, hein ? (Il dénoue le

paquet dont le sceau est déjà brisé et le pose sur la table pour en
examiner le contenu.)

DAME (doucement, baissant les mains et montrant qu'elle ne pleure pas,
mais qu'elle réfléchit seulement). Non, vous aviez raison. Mais je suis
désolé pour toi.

NAPOLÉON (s'arrêtant en train de prendre le papier du dessus du paquet).
Désolé pour moi ! Pourquoi?

DAME. Je vais te voir perdre ton honneur.

NAPOLÉON. Hum ! Rien de pire que ça ? (Il prend le papier.)

DAME. Et ton bonheur.

NAPOLÉON. Le bonheur, petite femme, est pour moi la chose du monde
la plus ennuyeuse. Dois-je être ce que je suis si je tenais au bonheur ?
Rien d'autre?

DAME. Rien... (Il l'interrompt avec une exclamation de satisfaction. Elle
continue tranquillement) sinon que vous ferez une très mauvaise
figure aux yeux de la France.

NAPOLÉON (rapidement). Quoi? (La main qui tient le papier tombe
involontairement. La dame le regarde énigmatiquement dans un
silence tranquille. Il jette la lettre et se lance dans un torrent de
réprimandes.) Que voulez-vous dire ? Hein ? Êtes-vous encore à vos
tours? Pensez-vous que je ne sais pas ce que contiennent ces papiers
? Je te le dirai. D'abord, mes informations sur la retraite de Beaulieu.
Il n'y a que deux choses qu'il puisse faire, idiot qu'il est ! : s'enfermer
à Mantoue ou violer la neutralité de Venise en prenant Peschiera .
Vous êtes l'un des espions du vieux Leatherbrain : il a découvert qu'il
a été trahi et vous a envoyé intercepter l'information à tout prix —
comme si cela pouvait le sauver de MOI, le vieil imbécile ! Les autres
papiers ne sont que ma correspondance habituelle de Paris, dont vous
ne savez rien.

DAME (rapide et pragmatique). Général : faisons un partage équitable.
Prenez les renseignements que vos espions vous ont envoyés sur
l'armée autrichienne ; et donne-moi la correspondance de Paris. Cela
me contentera.

NAPOLÉON (le souffle coupé par la froideur de la proposition). Un bon
di... (Il halète.) Il me semble, madame, que vous en êtes venue à
considérer mes lettres comme votre propriété, dont j'essaie de vous
voler.

DAME (sincèrement). Non : sur mon honneur, je ne vous demande aucune lettre, pas un mot qui ait été écrit par vous ou à vous. Ce paquet contient une lettre volée : une lettre écrite par une femme à un homme – un homme et non son mari – une lettre qui signifie honte, infamie…

NAPOLÉON. Une lettre d'amour ?

DAME (doucement-amer). Quoi d'autre qu'une lettre d'amour pourrait attiser autant de haine ?

NAPOLÉON. Pourquoi m'est-il envoyé ? Pour mettre le mari en mon pouvoir, hein ?

DAME. Non, non : cela ne peut vous servir à rien : je vous jure que cela ne vous coûtera rien de me le donner. Il vous a été envoyé par pure méchanceté, dans le seul but de blesser la femme qui l'a écrit.

NAPOLÉON. Alors pourquoi ne pas l'envoyer à son mari plutôt qu'à moi ?

DAME (complètement déconcertée). Oh! (S'enfonçant dans le fauteuil.) Je— je ne sais pas. (Elle s'effondre.)

NAPOLÉON. Ah ! C'est ce que je pensais : une petite romance pour récupérer les papiers. (Il jette le paquet sur la table et la confronte avec une bonne humeur cynique .) Per Bacco, petite femme, je ne peux m'empêcher de t'admirer. Si je pouvais mentir ainsi, cela m'éviterait bien des ennuis.

DAME (se tordant les mains). Oh, comme j'aurais aimé vraiment te dire un mensonge ! Vous m'auriez alors cru. La vérité est la seule chose à laquelle personne ne croira.

NAPOLÉON (avec une grossière familiarité, la traitant comme si elle était une vivandière). Capital! Capital! (Il pose ses mains derrière lui sur la table et s'y élève, assis les bras sur les hanches et les jambes bien écartées.) Viens : je suis un vrai Corse dans mon amour des histoires. Mais je pourrais leur dire mieux que vous si j'y réfléchissais. La prochaine fois qu'on vous demandera pourquoi une lettre compromettante pour une femme ne devrait pas être envoyée à son mari, répondez simplement que le mari ne la lirait pas. Croyez-vous, petit innocent, qu'un homme veuille être contraint par l'opinion publique à faire une scène, à se battre en duel, à briser sa maison, à nuire à sa carrière par un scandale, alors qu'il peut éviter tout cela en prenant soin de lui. ne pas savoir?

DAME (révoltée). Supposons que ce paquet contienne une lettre concernant votre propre femme ?

NAPOLÉON (offensé, sortant de table). Vous êtes impertinente, madame.

DAME (humblement). Je vous demande au-dessus de vos soupçons.

NAPOLÉON (avec une hypothèse délibérée de supériorité). Vous avez commis une indiscrétion. Je te pardonne. A l'avenir, ne vous permettez pas d'introduire des personnes réelles dans vos romans.

DAME (ignorant poliment un discours qui n'est pour elle qu'un manquement aux bonnes manières, et se levant pour se diriger vers la table). Général : il y a bien là une lettre de femme. (Montrant le paquet.) Donnez-le-moi.

NAPOLÉON (avec une concision brutale, se déplaçant pour ne pas s'approcher trop des lettres). Pourquoi?

DAME. C'est une vieille amie : nous étions à l'école ensemble. Elle m'a écrit en me suppliant d'empêcher que la lettre ne tombe entre vos mains.

NAPOLÉON. Pourquoi m'a-t-on envoyé ?

DAME. Parce que cela compromet le réalisateur Barras.

NAPOLÉON (fronçant les sourcils, visiblement surpris). Barras! (Haut.) Prenez garde, madame. Le réalisateur Barras est mon ami personnel attaché.

DAME (acquiesçant placidement de la tête). Oui. Vous êtes devenus amis grâce à votre femme.

NAPOLÉON. Encore! Ne vous ai-je pas interdit de parler de ma femme ? (Elle continue de le regarder avec curiosité, sans tenir compte de la réprimande. De plus en plus irrité, il abandonne son air hautain, dont il est lui-même un peu impatient, et dit avec méfiance en baissant la voix.) Qui est cette femme avec laquelle tu sympathises si profondément?

DAME. Ah, général ! Comment pourrais-je te dire ça ?

NAPOLÉON (de mauvaise humeur, se remettant à marcher avec une perplexité colérique). Oui, oui : soyez solidaires. Vous êtes toutes pareilles, vous les femmes.

DAME (indignée). Nous ne sommes pas tous pareils, pas plus que vous. Pensez-vous que si *j'aimais* un autre homme, je devrais faire semblant de continuer à aimer mon mari, ou avoir peur de le lui dire, ou à tout le monde ? Mais cette femme n'est pas faite ainsi. Elle gouverne les hommes en les trompant ; et (avec dédain) ils aiment ça, et la laissent les gouverner. (Elle se rassied, lui tournant le dos.)

NAPOLÉON (ne s'occupant pas d'elle). Barras, Barras I... (Se tournant vers elle d'un air très menaçant, le visage s'assombrissant.) Prends garde, prends garde : entends-tu ? Vous allez peut-être trop loin.

DAME (tournant innocemment son visage vers lui). Quel est le problème?

NAPOLÉON. A quoi faites-vous allusion ? Qui est cette femme?

DAME (regardant son regard furieux avec une indifférence tranquille alors qu'elle est assise et le regarde avec son bras droit posé légèrement sur le dossier de sa chaise, et un genou croisé sur l'autre). Une créature vaniteuse , idiote, extravagante, avec un mari très compétent et ambitieux qui la connaît parfaitement – sait qu'elle lui a menti sur son âge, ses revenus, sa position sociale, sur tout ce que mentent les femmes idiotes – sait que elle est incapable de fidélité à aucun principe ni à aucune personne ; et pourtant il ne pouvait s'empêcher de l'aimer, il ne pouvait empêcher son instinct d'homme de l'utiliser pour son propre avancement auprès de Barras.

NAPOLÉON (dans un murmure furtif et froidement furieux). C'est ta vengeance, toi, chat , d'avoir dû me donner les lettres.

DAME. Absurdité! Ou voulez-vous dire que VOUS êtes ce genre d'homme ?

NAPOLÉON (exaspéré, joint les mains derrière lui, les doigts tremblants, et dit en s'éloignant d'elle avec irritation vers la cheminée). Cette femme va me faire perdre la raison. (À elle.) Partez.

DAME (assise, immobile). Pas sans cette lettre.

NAPOLÉON. Partez, je vous le dis. (Marchant de la cheminée à la vigne et retournant à la table.) Vous n'aurez pas de lettre. Je ne t'aime pas. Vous êtes une femme détestable et aussi laide que Satan. Je ne choisis pas d'être harcelé par des femmes étranges. Partez. (Il lui tourne le dos. Avec un amusement discret, elle pose sa joue sur sa main et se moque de lui. Il se retourne encore, se moquant d'elle avec colère.) Ha ! Ha! Ha! Ce qui vous fait rire?

DAME. À vous, Général. J'ai souvent vu des personnes de votre sexe entrer dans un animal de compagnie et se comporter comme des enfants ; mais je n'ai jamais vu un homme vraiment grand faire cela auparavant.

NAPOLÉON (brutalement, lui jetant ces mots au visage). Ourson : flatterie ! flatterie! flatterie grossière et impudente !

LA DAME (se levant avec une rougeur vive sur les joues). Oh, tu es dommage. Gardez vos lettres. Lisez-y l'histoire de votre propre déshonneur ; et qu'ils vous fassent beaucoup de bien. Au revoir. (Elle se dirige avec indignation vers la porte intérieure.)

NAPOLÉON. Le mien-! Arrêt. Revenir. Revenez, je vous l'ordonne. (Elle ignore fièrement son ton sauvagement péremptoire et continue son chemin vers la porte. Il se précipite sur elle, la saisit par le poignet et la traîne en arrière.) Maintenant, que veux-tu dire ? Expliquer. Explique, je te dis, ou —(La menaçant. Elle le regarde avec un défi sans faille.) Rrrr ! espèce de diable obstiné, toi. Pourquoi ne peux-tu pas répondre à une question civile ?

LA DAME (profondément offensée par sa violence). Pourquoi me demandez-vous? Vous avez l'explication.

NAPOLÉON. Où?

DAME (montrant les lettres sur la table). Là. Il vous suffit de le lire. (Il attrape le paquet, hésite, la regarde avec méfiance et le jette à nouveau.)

NAPOLÉON. Vous semblez avoir oublié votre sollicitude pour l'honneur de votre vieil ami.

DAME. Elle ne court aucun risque désormais : elle ne comprend pas très bien son mari.

NAPOLÉON. Je dois donc lire la lettre ? (Il tend la main comme pour reprendre le paquet, les yeux fixés sur elle.)

DAME. Je ne vois pas comment vous pourriez très bien éviter de le faire maintenant. (Il retire aussitôt sa main.) Oh ! n'ayez pas peur. Vous y trouverez beaucoup de choses intéressantes.

NAPOLÉON. Par exemple?

DAME. Par exemple, un duel avec Barras, une scène de ménage, un ménage brisé, un scandale public, une carrière interrompue, toutes sortes de choses.

NAPOLÉON. Hum ! (Il la regarde, prend le paquet et le regarde en pinçant les lèvres et le tient en équilibre dans sa main ; la regarde encore ; passe le paquet dans sa main gauche et le met derrière son dos, levant la droite pour gratter le derrière sa tête alors qu'il se retourne et s'approche de la lisière du vignoble, où il reste un moment à regarder les vignes, plongé dans ses pensées. La Dame l'observe en silence, avec un peu de mépris. Soudain, il se retourne et revient. , plein de force et de décision.) J'accède à votre demande, madame. Votre courage et votre détermination méritent de réussir. Prenez les lettres pour lesquelles vous vous êtes si bien battu ; et rappelez-vous désormais que vous avez trouvé le vil et vulgaire aventurier corse aussi généreux envers les vaincus après la bataille qu'il était résolu devant l'ennemi avant elle. (Il lui offre le paquet.)

DAME (sans le prendre, en le regardant attentivement). Qu'est-ce que tu fais maintenant, je me demande ? (Il jette furieusement le paquet par terre.) Aha ! J'ai gâché cette attitude, je pense. (Elle lui fait une révérence assez moqueuse.)

NAPOLÉON (le reprenant). Voulez-vous prendre les lettres et partir (en les lui avançant et en les lui poussant) ?

DAME (s'enfuyant autour de la table). Non : je ne veux pas de lettres.

NAPOLÉON. Il y a dix minutes, rien d'autre ne pouvait vous satisfaire.

DAME (gardant soigneusement la table entre eux). Il y a dix minutes , vous ne m'aviez pas insulté au-delà de toute tolérance.

NAPOLÉON. Je... (avalant sa rate) Je m'excuse.

DAME (froidement). Merci. (Avec une politesse forcée, il lui tend le paquet sur la table. Elle recule d'un pas hors de sa portée et dit) Mais tu ne veux pas savoir si les Autrichiens sont à Mantoue ou à Peschiera ?

NAPOLÉON. Je vous ai déjà dit que je pouvais vaincre mes ennemis sans l'aide d'espions, madame.

DAME. Et la lettre ! tu ne veux pas lire ça ?

NAPOLÉON. Vous avez dit qu'il ne m'était pas adressé. Je n'ai pas l'habitude de lire les lettres des autres. (Il offre à nouveau le paquet.)

DAME. Dans ce cas, il ne peut y avoir aucune objection à ce que vous le conserviez. Tout ce que je voulais, c'était vous empêcher de le lire. (Joiement.) Bonjour, Général. (Elle se tourne froidement vers la porte intérieure.)

NAPOLÉON (jetant furieusement le paquet sur le canapé). Dieu me donne la patience ! (Il s'approche résolument et se place devant la porte.) Avez-vous le sentiment d'un danger personnel ? Ou faites-vous partie de ces femmes qui aiment être battues en noir et en bleu ?

DAME. Merci, Général : je ne doute pas que la sensation soit très voluptueuse ; mais je préférerais ne pas le faire. Je veux simplement rentrer chez moi : c'est tout. J'ai été assez méchant pour voler vos dépêches ; mais vous les avez récupérés ; et vous m'avez pardonné, car (reproduisant délicatement sa cadence rhétorique) vous êtes aussi généreux envers les vaincus après la bataille que vous êtes résolu face à l'ennemi avant elle. Ne veux-tu pas me dire au revoir ? (Elle lui tend gentiment la main.)

NAPOLÉON (repoussant l'avance d'un geste de rage concentrée, et ouvrant la porte pour appeler avec férocité). Giuseppe ! (Plus fort.) Giuseppe ! (Il claque la porte et arrive au milieu de la pièce. La dame s'enfonce un peu dans la vigne pour l'éviter.)

GIUSEPPE (apparaissant à la porte). Excellence?

NAPOLÉON. Où est cet imbécile ?

GIUSEPPE. Il a bien dîné, selon vos instructions, Excellence, et me fait maintenant l'honneur de jouer avec moi pour passer le temps.

NAPOLÉON. Envoyez-le ici. Amenez-le ici. Viens avec lui. (Giuseppe, avec une promptitude imperturbable, s'en va en toute hâte. Napoléon se tourne brusquement vers la dame et lui dit) Je dois vous déranger pour que vous restiez encore quelques instants, madame. (Il s'approche du canapé. Elle vient de la vigne, descend du côté opposé de la pièce jusqu'au buffet et s'y poste, appuyée contre celui-ci, le regardant. Il prend le paquet du canapé et le boutonne délibérément avec soin sur sa poitrine. poche, la regardant entre-temps avec une expression qui suggère qu'elle découvrira bientôt le sens de ses démarches et que cela ne lui plaira pas. On ne dit plus rien jusqu'à ce que le lieutenant arrive suivi de Giuseppe, qui se tient modestement présent à la table. Le lieutenant, sans casquette, sans épée ni gants, et dont l'humeur et le moral ont été beaucoup améliorés par son repas, choisit le côté de la dame dans la pièce et attend, très à son aise, que Napoléon commence.)

NAPOLÉON. Lieutenant.

LIEUTENANT (encourageant). Général.

NAPOLÉON. Je ne parviens pas à persuader cette dame de me donner beaucoup d'informations ; mais il ne fait aucun doute que l'homme qui vous a détourné de votre charge était, comme elle vous l'a avoué, son frère.

LIEUTENANT, triomphant. Qu'est-ce que je vous ai dit, Général ! Qu'est-ce que je t'avais dit!

NAPOLÉON. Vous devez trouver cet homme. Votre honneur est en jeu ; et le sort de la campagne, le sort de la France, de l'Europe, de l'humanité peut-être, dépendront peut-être des renseignements que contiennent ces dépêches .

LIEUTENANT. Oui, je suppose qu'ils sont vraiment plutôt sérieux (comme si cela ne lui était guère venu à l'esprit auparavant).

NAPOLÉON, énergiquement. Elles sont si graves, monsieur, que si vous ne les récupérez pas, vous serez dégradé en présence de votre régiment.

LIEUTENANT. Ouf! Le régiment n'appréciera pas ça, je peux vous le dire.

NAPOLÉON. Personnellement, je suis désolé pour vous. Je cacherais volontiers l'affaire si c'était possible. Mais je serai tenu responsable de ne pas avoir donné suite aux dépêches . Je devrai prouver au monde entier que je ne les ai jamais reçus, quelles qu'en soient les conséquences pour vous. Je suis désolé; mais vous voyez que je ne peux pas m'en empêcher.

LIEUTENANT (avec bonhomie). Oh, ne le prenez pas à cœur, Général : c'est vraiment très gentil de votre part. Peu importe ce qui m'arrive : je m'en sortirai d'une manière ou d'une autre ; et nous battrons les Autrichiens pour vous, dépêches ou pas de dépêches . J'espère que vous n'insisterez pas pour que je me lance maintenant dans une poursuite sauvage contre ce type. Je ne sais pas où le chercher.

GIUSEPPE (avec déférence). Vous oubliez, lieutenant : il a votre cheval.

LIEUTENANT, partant. Je l'ai oublié. (Résolument.) Je vais le chercher, Général : je trouverai ce cheval s'il est vivant quelque part en Italie. Et je n'oublierai pas les dépêches : n'ayez crainte. Giuseppe : va seller un de tes vieux chevaux de poste galeux , pendant que je récupère ma casquette, mon épée et tout. Marche rapide. Va-t'en (l'agitant).

GIUSEPPE. Instantanément, lieutenant, instantanément. (Il disparaît dans la vigne, où la lumière rougit maintenant avec le coucher du soleil.)

LIEUTENANT (regardant autour de lui en se dirigeant vers la porte intérieure). Au fait, Général, est-ce que je vous ai donné mon épée ou non ? Oh, je m'en souviens maintenant. (Avec inquiétude.) C'est absurde de mettre un homme en état d'arrestation : on ne sait jamais où trouver... (Il se parle hors de la pièce.)

DAME (toujours au buffet). Qu'est-ce que tout cela signifie, Général ?

NAPOLÉON. Il ne trouvera pas votre frère.

DAME. Bien sûr que non. Une telle personne n'existe pas.

NAPOLÉON. Les dépêches seront irrémédiablement perdues.

DAME. Absurdité! Ils sont à l'intérieur de votre manteau.

NAPOLÉON. Vous aurez du mal, je pense, à prouver cette affirmation farfelue. (La Dame commence. Il ajoute avec une emphase convaincante) Ces papiers sont perdus.

DAME (anxieuse, s'avançant vers le coin de la table). Et la carrière de ce malheureux jeune homme sera sacrifiée.

NAPOLÉON. Sa carrière! Cet individu ne vaut pas la poudre qu'il en coûterait pour le faire fusiller. (Il se tourne avec mépris et se dirige vers le foyer, où il lui tourne le dos.)

DAME (avec nostalgie). Vous êtes très dur. Les hommes et les femmes ne sont pour vous que des choses dont on peut se servir, même s'ils se brisent dans l'usage.

NAPOLÉON (se retournant sur elle). Lequel de nous a brisé cet homme : moi ou vous ? Qui l'a trompé dans les dépêches ? Avez-vous alors pensé à sa carrière ?

DAME (naïvement inquiète pour lui). Oh, je n'y avais jamais pensé. C'était brutal de ma part ; mais je ne pouvais pas m'en empêcher, n'est-ce pas ? Sinon, comment aurais-je pu obtenir les papiers ? (Suppliant.) Général : vous le sauverez de la disgrâce.

NAPOLÉON (riant amèrement). Sauvez-le vous-même, puisque vous êtes si malin : c'est vous qui l'avez perdu. (Avec une intensité sauvage.) Je déteste un mauvais soldat.

> Il s'en va résolument à travers la vigne. Elle le suit quelques pas avec un geste suppliant, mais est interrompue par le retour du lieutenant, ganté et coiffé, l'épée au poing, prêt à prendre la route. Il se dirige vers la porte extérieure lorsqu'elle l'intercepte.

DAME. Lieutenant.

LIEUTENANT (surtout). Tu ne dois pas me retarder, tu sais. Devoir, madame, devoir.

DAME (implorante). Oh, monsieur, qu'allez-vous faire à mon pauvre frère ?

LIEUTENANT. Vous l'aimez beaucoup ?

DAME. Je devrais mourir si quelque chose lui arrivait. Vous devez l'épargner. (Le lieutenant secoue la tête d'un air sombre.) Oui, oui : vous devez : vous devez : il n'est pas apte à mourir. Écoutez-moi. Si je vous dis où le trouver, si je m'engage à le remettre entre vos mains prisonnier, pour qu'il soit livré par vous au général Bonaparte, me promettrez-vous, sur votre honneur d'officier et de gentilhomme, de ne pas combattre avec lui ou le traiter méchamment d'une manière ou d'une autre ?

LIEUTENANT. Mais supposons qu'il m'attaque. Il a mes pistolets.

DAME. C'est un trop grand lâche.

LIEUTENANT. Je n'en suis pas si sûr. Il est capable de tout.

DAME. S'il vous attaque ou vous résiste de quelque manière que ce soit, je vous libère de votre promesse.

LIEUTENANT. Ma promesse! Je ne voulais pas promettre. Regarde : tu es aussi mauvais que lui : tu as profité de moi par le meilleur côté de ma nature. Et mon cheval ?

DAME. Cela fait partie du marché que vous récupériez votre cheval et vos pistolets.

LIEUTENANT. Honneur brillant?

DAME. Honneur brillant. (Elle tend la main.)

LIEUTENANT (le prenant et le tenant). Très bien : je serai douce comme un agneau avec lui. Sa sœur est une très jolie femme. (Il essaie de l'embrasser.)

DAME (s'éloignant de lui). Ah, lieutenant ! Vous oubliez : il y va de votre carrière, du destin de l'Europe, de l'humanité.

LIEUTENANT. Oh, dérange le destin de l'humanité (Faire pour elle.) Seulement un baiser.

DAME (se retirant autour de la table). Pas avant que vous ayez retrouvé votre honneur d'officier. Rappelez-vous : vous n'avez pas encore capturé mon frère.

LIEUTENANT (séduisant). Tu me diras où il est, n'est-ce pas ?

DAME. Je n'ai qu'à lui envoyer un certain signal ; et il sera là dans un quart d'heure.

LIEUTENANT. Il n'est donc pas loin.

DAME. Non : assez proche. Attendez-le ici : quand il aura reçu mon message, il viendra ici immédiatement et se livrera à vous. Vous comprenez?

LIEUTENANT (intellectuellement surmené). Eh bien, c'est un peu compliqué ; mais j'ose dire que tout ira bien.

DAME. Et maintenant, pendant que vous attendez, ne pensez-vous pas que vous feriez mieux de vous entendre avec le général ?

LIEUTENANT. Oh, écoute, ça devient terriblement compliqué. Quelles modalités ?

DAME. Faites-lui promettre que si vous attrapez mon frère, il considérera que vous avez innocenté votre caractère de soldat. Il promettra tout ce que vous demanderez à cette condition.

LIEUTENANT. Ce n'est pas une mauvaise idée. Merci : je pense que je vais essayer.

DAME. Faire. Et surtout, ne lui laissez pas voir à quel point vous êtes intelligent.

LIEUTENANT. Je comprends. Il serait jaloux.

DAME. Ne lui dites rien sinon que vous êtes résolu à capturer mon frère ou à périr dans cette tentative. Il ne vous croira pas. Alors tu produiras mon frère...

LIEUTENANT (l'interrompant alors qu'il maîtrise l'intrigue). Et moquez-vous de lui ! Je dis : quelle petite femme intelligente tu es ! (Criant.) Giuseppe !

DAME. Chut ! Pas un mot à Giuseppe sur moi. (Elle met son doigt sur ses lèvres. Il fait de même. Ils se regardent d'un air d'avertissement. Puis, avec un ravissant sourire, elle change de geste pour lui envoyer un baiser et s'enfuit par la porte intérieure. Électrifié, il éclate. dans une volée de rires. Giuseppe revient par la porte extérieure.)

GIUSEPPE. Le cheval est prêt, lieutenant.

LIEUTENANT. Je n'y vais pas encore. Allez trouver le général et dites-lui que je veux lui parler.

GIUSEPPE (secouant la tête). Cela ne suffira jamais, lieutenant.

LIEUTENANT. Pourquoi pas?

GIUSEPPE. Dans ce monde méchant, un général peut faire venir un lieutenant ; mais un lieutenant ne doit pas faire venir un général.

LIEUTENANT. Oh, tu penses qu'il n'aimerait pas ça. Eh bien, vous avez peut-être raison : il faut être extrêmement attentif à ce genre de choses, maintenant que nous avons une république.

> Napoléon reparaît, s'avançant hors de la vigne,
> boutonnant la poitrine de son habit, pâle et
> plein de pensées lancinantes.

GIUSEPPE (inconscient de l'approche de Napoléon). C'est tout à fait vrai, lieutenant, tout à fait vrai. Vous êtes tous comme les aubergistes maintenant en France : vous devez être polis avec tout le monde.

NAPOLÉON (posant la main sur l'épaule de Giuseppe). Et ça détruit toute la valeur de la politesse, hein ?

LIEUTENANT. L'homme que je voulais ! Voyez ici, Général : supposons que j'attrape ce type pour vous !

NAPOLÉON (avec gravité ironique). Vous ne l'attraperez pas, mon ami.

LIEUTENANT. Ah ! Tu penses; mais tu verras. Attends. Seulement, si je l'attrape et que je vous le livre, allez-vous crier démission ? Allez-vous laisser tomber toute cette histoire de me dégrader en présence de mon régiment ? Cela ne me dérange pas, vous savez ; mais aucun régiment n'aime quand même que tous les autres régiments en rient.

NAPOLÉON. (un rayon d'humour froid frappant pâlement sa tristesse). Que ferons-nous de cet officier, Giuseppe ? Tout ce qu'il dit est faux.

GIUSEPPE (rapidement). Faites-en un général, Excellence ; et alors tout ce qu'il dira sera juste.

LIEUTENANT (chantant). Haw-aw ! (Il se jette avec extase sur le canapé pour profiter de la plaisanterie.)

NAPOLÉON (riant et pinçant l'oreille de Giuseppe). Tu es jeté dans cette auberge, Giuseppe. (Il s'assoit et place Giuseppe devant lui comme un maître d'école avec un élève.) Dois-je t'emmener avec moi et faire de toi un homme ?

GIUSEPPE (secouant la tête rapidement et à plusieurs reprises). Non, merci, Général. Toute ma vie, les gens ont voulu faire de moi un homme. Quand j'étais petit, notre bon curé voulait faire de moi un homme en m'apprenant à lire et à écrire. Puis l'organiste de Melegnano a voulu faire de moi un homme en m'apprenant à lire la musique. Le sergent recruteur aurait fait de moi un homme si j'avais été plus grand de quelques centimètres. Mais cela signifiait toujours me faire travailler ; et je suis trop paresseux pour ça, Dieu merci ! J'ai donc appris à cuisiner tout seul et je suis devenu aubergiste ; et maintenant j'ai des domestiques pour faire le travail, et je n'ai rien d'autre à faire que de causer, ce qui me convient parfaitement.

NAPOLÉON (le regardant pensivement). Tu es satisfait?

GIUSEPPE (avec une joyeuse conviction). Tout à fait , Excellence.

NAPOLÉON. Et vous n'avez pas en vous de démon dévorant qu'il faut nourrir d'action et de victoire - gorgé d'elles nuit et jour - qui vous fait payer, à la sueur de votre cerveau et de votre corps, des semaines de labeur herculéen pour dix minutes de jouissance - qui est à la fois votre esclave et votre tyran, votre génie et votre destin – qui vous apporte une couronne dans une main et la rame d'un galérien dans l'autre – qui vous montre tous les royaumes de la terre et vous propose de faire de vous leur maître sur à condition que vous deveniez leur serviteur ! — n'avez-vous rien de cela en vous ?

GIUSEPPE. Rien de tout cela ! Oh, je vous assure, Excellence, MON diable dévorant est bien pire que cela. Il ne m'offre ni couronnes ni royaumes : il espère tout avoir pour rien, saucisses, omelettes , raisins, fromage, polenta, vin, trois fois par jour, Excellence : rien de moins ne le contentera.

LIEUTENANT. Allez, laisse tomber, Giuseppe : tu me donnes encore faim.

> (Giuseppe, avec un haussement d'épaules d'excuse, se retire de la conversation et s'occupe à table, l'époussetant, remettant la carte en ordre et replaçant la chaise de Napoléon que la dame a repoussée.)

NAPOLÉON (se tournant vers le lieutenant avec une cérémonie sardonique). J'espère que *je* ne vous ai pas fait sentir ambitieux.

LIEUTENANT. Pas du tout : je ne vole pas si haut. D'ailleurs : je suis mieux comme je suis : des hommes comme moi sont recherchés dans l'armée en ce moment. Le fait est que la Révolution a été une très bonne chose pour les civils ; mais ça ne marchera pas dans l'armée. Vous savez ce que sont les soldats, Général : ils auront pour officiers des hommes de leur famille. Un subalterne doit être un gentleman, car il est très en contact avec les hommes. Mais un général, ou même un colonel, peut être n'importe quelle sorte de racaille s'il comprend suffisamment bien le métier. Un lieutenant est un gentleman : tout le reste est hasard. Pourquoi, à votre avis, qui a gagné la bataille de Lodi ? Je te le dirai. Mon cheval l'a fait.

NAPOLÉON (se levant) Votre folie vous entraîne trop loin, monsieur. Prends soin de toi.

LIEUTENANT. Même pas un peu. Vous vous souvenez de toute cette canonnade brûlante sur le fleuve : les Autrichiens vous ont tiré dessus pour vous empêcher de traverser, et vous leur avez tiré dessus pour les empêcher de mettre le feu au pont ? Avez-vous remarqué où j'étais alors ?

NAPOLÉON (avec une politesse menaçante). Je suis désolé. J'ai bien peur d'être plutôt occupé en ce moment.

GIUSEPPE (avec une vive admiration). On dit que vous avez sauté de cheval et utilisé les gros canons de vos propres mains, Général.

LIEUTENANT. C'était une erreur : un officier ne devait jamais se laisser rabaisser au niveau de ses hommes. (Napoléon le regarde dangereusement et commence à marcher d'un air de tigre .) Mais vous auriez pu tirer encore sur les Autrichiens, si nous, les cavaliers, n'avions pas trouvé le gué, traversé et tourné le flanc du vieux Beaulieu pour vous. Vous savez que vous n'auriez pas osé donner l'ordre de charger le pont si vous ne nous aviez pas vus de l'autre côté. Par conséquent, je dis que celui qui a trouvé ce gué a gagné la bataille de Lodi. Eh bien, qui l'a trouvé ? J'ai été le premier à traverser : et je le sais. C'est mon cheval qui l'a trouvé. (Avec conviction, en se levant du canapé.) Ce cheval est le véritable conquérant des Autrichiens.

NAPOLÉON (passionné). Espèce d'idiot : je te ferai fusiller pour avoir perdu ces dépêches : je te ferai exploser à coups de canon : rien de moins ne pourrait t'impressionner. (L'aboyant.) Vous entendez ? Est-ce que tu comprends?

sabre gainé à la main.

LIEUTENANT (sans vergogne). SI je ne le capture pas, Général. Rappelez-vous le si.

NAPOLÉON. Si! Si!! Cul : un tel homme n'existe pas.

L'OFFICIER (se plaçant soudain entre eux et parlant de la voix incomparable de l'Étrange Dame). Lieutenant : Je suis votre prisonnier. (Elle lui offre son sabre . Ils sont étonnés. Napoléon la regarde un instant abasourdi; puis la saisit par le poignet et l'entraîne rudement vers lui, la regardant attentivement et farouchement pour s'assurer de son identité; car maintenant commence à s'assombrir rapidement dans la nuit, la lueur rouge sur le vignoble cédant la place à la claire lumière des étoiles.)

NAPOLÉON. Pah ! (Il rejette sa main avec une exclamation de dégoût et lui tourne le dos, la main dans la poitrine et le front baissé.)

LIEUTENANT, triomphant, prenant le sabre . Il n'y a pas un tel homme : hein, Général ? (A la Dame.) Je dis : où est mon cheval ?

DAME. En sécurité à Borghetto , je vous attends, lieutenant.

NAPOLÉON (se tournant contre eux). Où sont les dépêches ?

DAME. Vous ne devineriez jamais. Ils se trouvent dans l'endroit le plus improbable au monde. Avez-vous rencontré ma sœur ici, l'un d'entre vous ?

LIEUTENANT. Oui. Femme très gentille. Elle vous ressemble à merveille ; mais bien sûr, elle est plus belle.

DAME (mystérieusement). Eh bien, savez-vous que c'est une sorcière ?

GIUSEPPE (courant vers eux avec terreur en se signant). Oh non, non, non. Il n'est pas prudent de plaisanter sur de telles choses. Je ne peux pas l'avoir chez moi, Excellence.

LIEUTENANT. Oui, laisse tomber. Tu es mon prisonnier, tu sais. Bien sûr, je ne crois pas à de telles absurdités ; mais ce n'est toujours pas un bon sujet pour plaisanter.

DAME. Mais c'est très grave. Ma sœur a ensorcelé le général. (Giuseppe et le lieutenant reculent devant Napoléon.) Général : ouvrez votre habit : vous trouverez les dépêches au sein de celui-ci. (Elle pose vivement sa main sur son sein.) Oui : ils sont là : je les sens. Hein ? (Elle le regarde en face, moitié câline, moitié moqueuse.) Me permettez-vous, Général ? (Elle prend un bouton comme pour déboutonner son manteau et s'arrête pour demander la permission.)

NAPOLÉON (insondable). Si tu ose.

DAME. Merci. (Elle ouvre son manteau et sort les dépêches .) Voilà ! (A Giuseppe, lui montrant les dépêches .) Voyez !

GIUSEPPE (volant vers la porte extérieure). Non, au nom du ciel ! Ils sont ensorcelés.

DAME (se tournant vers le lieutenant). Tenez, lieutenant : VOUS n'avez pas peur d'eux.

LIEUTENANT, se retirant. Restez à l'écart. (Saisissant la poignée du sabre .) Eloignez-vous, vous dis-je.

DAME (à Napoléon). Ils vous appartiennent, Général. Prends les.

GIUSEPPE. Ne les touchez pas, Excellence. N'ayez rien à voir avec eux.

LIEUTENANT. Soyez prudent, Général : soyez prudent.

GIUSEPPE. Brule les. Et brûle la sorcière aussi.

DAME (à Napoléon). Dois-je les brûler ?

NAPOLÉON (pensivement). Oui, brûlez-les. Giuseppe : va chercher du feu.

GIUSEPPE (tremblant et balbutiant). Voulez-vous dire y aller seul – dans le noir – avec une sorcière dans la maison ?

NAPOLÉON. Psha ! Vous êtes un poltron. (Au lieutenant.) Obligez-moi d'y aller, lieutenant.

LIEUTENANT (remontrant). Oh, dis-je, Général ! Non, regarde là, tu sais : personne ne peut dire que je suis un lâche après Lodi. Mais me demander d'aller seul dans le noir sans bougie après une conversation aussi horrible, c'est un peu trop. Comment aimeriez-vous le faire vous-même ?

NAPOLÉON (irrité). Vous refusez d'obéir à mon ordre ?

LIEUTENANT (résolument). Oui je le fais. Ce n'est pas raisonnable. Mais je vais vous dire ce que je vais faire. Si Giuseppe s'en va, je l'accompagnerai et je le protégerai.

NAPOLÉON (à Giuseppe). Là! est-ce que ça vous satisfera ? Partez, tous les deux.

GIUSEPPE (humblement, les lèvres tremblantes). W... volontiers, Votre Excellence. (Il se dirige à contrecœur vers la porte intérieure.) Dieu me protège ! (Au lieutenant.) Après vous, lieutenant.

LIEUTENANT. Tu ferais mieux d'y aller en premier : je ne connais pas le chemin.

GIUSEPPE. Vous ne pouvez pas le manquer. D'ailleurs (implorant, posant la main sur sa manche), je ne suis qu'un pauvre aubergiste ; et tu es un homme de famille.

LIEUTENANT. Il y a quelque chose là-dedans. Ici : vous n'avez pas besoin d'avoir une telle peur. Prends mon bras. (Giuseppe le fait.) C'est comme ça . (Ils sortent bras dessus bras dessous. C'est maintenant la nuit étoilée. La dame jette le paquet sur la table et s'assied à son aise sur le canapé en profitant de la sensation de se libérer des jupons.)

DAME. Eh bien, Général : je vous ai battu.

NAPOLÉON (se promenant). Vous avez été coupable d'indélicatesse, de manque de féminité. Considérez-vous que ce costume est approprié à porter ?

DAME. Il me semble qu'il ressemble beaucoup au vôtre.

NAPOLÉON. Psha ! Je rougis pour toi.

DAME (naïvement). Oui : les soldats rougissent si facilement ! (Il grogne et se détourne. Elle le regarde malicieusement, balançant les dépêches dans sa main.) N'aimeriez-vous pas les lire avant qu'elles ne soient brûlées, Général ? Vous devez mourir de curiosité. Jetez un œil. (Elle jette le paquet sur la table et détourne la tête.) Je ne regarderai pas.

NAPOLÉON. Je n'ai aucune curiosité, madame. Mais comme vous avez visiblement hâte de les lire, je vous en donne la permission.

DAME. Oh, je les ai déjà lus.

NAPOLÉON (s'élançant). Quoi!

DAME. Je les ai lus dès que je suis parti sur le cheval de ce pauvre lieutenant. Alors vous voyez, je sais ce qu'il y a dedans ; et toi non.

NAPOLÉON. Excusez-moi : je les ai lus là, dans le vignoble, il y a dix minutes.

DAME. Oh! (Sautant.) Oh, Général, je ne vous ai pas battu. Je t'admire tellement. (Il rit et lui tapote la joue.) Cette fois vraiment et sans honte, je te rends hommage (lui baisant la main).

NAPOLÉON (le retirant vivement). Brr ! Ne fais pas ça. Plus de sorcellerie.

DAME. Je veux te dire quelque chose, mais tu pourrais mal le comprendre.

NAPOLÉON. Est-ce que ça doit t'arrêter ?

DAME. Eh bien, c'est ça. J'adore un homme qui n'a pas peur d'être méchant et égoïste.

NAPOLÉON (indigné). Je ne suis ni méchant ni égoïste.

DAME. Oh, tu ne t'apprécies pas. D'ailleurs, je ne parle pas vraiment de méchanceté et d'égoïsme.

NAPOLÉON. Merci. Je pensais que c'était peut-être le cas.

DAME. Eh bien, bien sûr que oui. Mais ce que je veux dire, c'est une certaine simplicité chez vous.

NAPOLÉON. C'est mieux.

DAME. Vous ne vouliez pas lire les lettres ; mais vous étiez curieux de savoir ce qu'il y avait dedans. Alors vous êtes allé dans le jardin et vous les avez lus quand personne ne vous regardait, puis vous êtes revenu et avez fait semblant de ne pas l'avoir fait. C'est la chose la plus méchante que j'ai jamais vue faire à un homme ; mais cela a exactement rempli votre objectif ; et donc vous n'aviez ni peur ni honte de le faire.

NAPOLÉON, brusquement. Où avez-vous puisé tous ces scrupules vulgaires, cette conscience (avec une emphase méprisante) qui est la vôtre ? Je vous ai pris pour une dame, une aristocrate. Votre grand-père était commerçant, je vous prie ?

DAME. Non : c'était un Anglais.

NAPOLÉON. Cela explique cela. Les Anglais sont une nation de commerçants. Maintenant, je comprends pourquoi tu m'as battu.

DAME. Oh, je ne t'ai pas battu. Et je ne suis pas anglais.

NAPOLÉON. Oui, vous l'êtes – anglais jusqu'à la moelle. Écoutez-moi : je vais vous expliquer l'anglais.

DAME (avec impatience). Faire. (Avec un air vif d'anticipation d'un régal intellectuel, elle s'assoit sur le canapé et se ressaisit pour l'écouter. Sécurisé par son public, il se donne immédiatement les nerfs pour une représentation. Il réfléchit un peu avant de commencer ; afin de fixez son attention par un moment de suspense. Son style est d'abord calqué sur celui de Talma dans "Cinna" de Corneille ; mais il se perd quelque peu dans l'obscurité, et Talma cède bientôt la place à Napoléon, la voix traversant l'obscurité avec une intensité surprenante.)

NAPOLÉON. Il existe trois sortes de personnes dans le monde : les gens inférieurs, les gens moyens et les gens élevés. Les gens du bas et les gens du haut se ressemblent sur un point : ils n'ont aucun scrupule, aucune moralité. Les bas sont au-dessous de la moralité, les hauts au-dessus. Je n'ai peur d'aucun d'eux : car les petits sont sans scrupules et sans connaissance, de sorte qu'ils font de moi une idole ; tandis que les hauts sont sans scrupules et sans but, de sorte qu'ils s'effondrent devant Ma volonté. Voyez-vous : je parcours toutes les foules et toutes les cours de l'Europe comme une charrue parcourt un champ. Ce sont les intermédiaires qui sont dangereux : ils ont à la fois des connaissances et un but. Mais eux aussi ont leur point faible. Ils sont pleins de scrupules, enchaînés pieds et poings liés par leur moralité et leur respectabilité.

DAME. Alors vous battrez les Anglais ; car tous les commerçants sont des intermédiaires.

NAPOLÉON. Non, car les Anglais sont une race à part. Aucun Anglais n'est trop bas pour avoir des scrupules : aucun Anglais n'est assez haut pour être libre de sa tyrannie. Mais tout Anglais naît avec un certain pouvoir miraculeux qui fait de lui le maître du monde. Quand il veut une chose, il ne se dit jamais qu'il la veut. Il attend patiemment jusqu'à ce que lui vienne à l'esprit, on ne sait comment, la conviction brûlante que c'est son devoir moral et religieux de conquérir ceux qui ont obtenu ce qu'il veut. Il devient alors irrésistible. Comme l'aristocrate, il fait ce qui lui plaît et s'empare de ce qu'il veut : comme le commerçant, il poursuit son objectif avec l'industrie et la constance qui viennent d'une forte conviction religieuse et d'un profond sens de la responsabilité morale. Il n'est jamais à court d'une attitude morale efficace. En tant que grand champion de la liberté et de l'indépendance nationale, il conquiert et annexe la moitié du monde et appelle cela la colonisation. Lorsqu'il veut un nouveau marché pour ses produits frelatés de Manchester, il envoie un missionnaire pour enseigner aux indigènes l'évangile de la paix. Les indigènes tuent le missionnaire : il prend les armes pour défendre le christianisme ; se bat pour cela ; conquiert pour cela; et prend le marché comme une récompense du ciel. Pour défendre ses côtes insulaires, il met un aumônier à bord de son navire ; cloue un drapeau avec une croix dessus à son mât haut galant ; et navigue jusqu'aux extrémités de la terre, coulant, brûlant et détruisant tous ceux qui lui disputent l'empire des mers. Il se vante qu'un esclave est libre dès que son pied touche le sol britannique ; et il vend les enfants de ses pauvres à six ans pour les faire travailler sous le fouet dans ses usines seize heures par jour. Il fait deux révolutions, puis déclare la guerre à la nôtre au nom de l'ordre public. Il n'y a rien de si mauvais ou de si bon que vous ne trouverez pas d'Anglais le faisant ; mais vous ne trouverez jamais un Anglais en tort. Il fait tout par principe. Il vous combat sur la base de principes patriotiques ; il vous vole selon des principes commerciaux ; il vous asservit selon des principes impériaux ; il vous intimide sur des principes virils ; il soutient son roi selon des principes loyaux et lui coupe la tête selon des principes républicains. Son mot d'ordre est toujours le devoir ; et il n'oublie jamais que la nation qui laisse son devoir se mettre à l'opposé de son intérêt est perdue. Il-

DAME. Wwwww- wh ! Arrêtez-vous un instant. Je veux savoir comment vous me faites passer pour un Anglais à ce rythme-là.

NAPOLÉON (abandonnant son style rhétorique). C'est assez clair. Tu voulais des lettres qui m'appartenaient. Vous avez passé la matinée à les voler, oui, à les voler, par des vols de grand chemin. Et vous avez passé l'après-midi à me donner tort à leur sujet - en supposant que c'était moi qui voulais voler VOS lettres - en expliquant que tout cela était dû à ma méchanceté et à mon égoisme, et à votre bonté, votre dévouement, à vous-même. -sacrifier. C'est Anglais.

DAME. Absurdité. Je suis sûr que je ne suis pas un peu anglais. Les Anglais sont un peuple très stupide.

NAPOLÉON. Oui, trop stupide parfois pour savoir quand ils sont battus. Mais j'admets que votre cerveau n'est pas anglais. Vous voyez, même si votre grand-père était Anglais, votre grand-mère était… quoi ? Une Française ?

DAME. Oh non. Une Irlandaise.

NAPOLÉON (rapidement). Irlandais! (Pensivement.) Oui : j'ai oublié les Irlandais. Une armée anglaise dirigée par un général irlandais : cela pourrait faire le poids face à une armée française dirigée par un général italien. (Il fait une pause et ajoute, moitié en plaisantant, moitié d'un air maussade) En tout cas, VOUS m'avez battu ; et ce qui bat un homme en premier le battra en dernier. (Il entre méditativement dans le vignoble au clair de lune et lève les yeux. Elle se faufile derrière lui. Elle ose poser sa main sur son épaule, bouleversée par la beauté de la nuit et enhardie par son obscurité.)

DAME (doucement). Qu'est ce que tu regardes?

NAPOLÉON (montrant). Mon étoile.

DAME. Vous y croyez ?

NAPOLÉON. Je fais. (Ils le regardent un instant, elle s'appuie un peu sur son épaule.)

DAME. Savez-vous que les Anglais disent que l'étoile d'un homme n'est pas complète sans la jarretière d'une femme ?

NAPOLÉON (scandalisé, la secouant brusquement et revenant dans la chambre). Pah ! Les hypocrites ! Si les Français disaient cela, comme ils lèveraient la main avec une pieuse horreur ! (Il se dirige vers la porte intérieure et la tient ouverte en criant) Bonjour ! Giuseppe. Où est cette lumière, mec. (Il s'interpose entre la table et le buffet, et amène la chaise vers la table, à côté de la sienne.) Il nous reste à brûler la lettre. (Il prend le paquet. Giuseppe revient, pâle et encore tremblant, portant dans une main un chandelier ramifié avec quelques bougies allumées, et dans l'autre un large plateau à mouchettes .)

GIUSEPPE (piteusement, en posant la lumière sur la table). Excellence : qu'est-ce que vous regardiez tout à l'heure, là-bas ? (Il montre le vignoble par-dessus son épaule, mais il a peur de regarder autour de lui.)

NAPOLÉON (dépliant le paquet). Qu'est-ce que ça vous fait ?

GIUSEPPE (balbutiant). Parce que la sorcière est partie – disparue ; et personne ne l'a vue sortir.

DAME (venant derrière lui de la vigne). Nous la regardions monter vers la lune sur ton balai, Giuseppe. Vous ne la reverrez plus jamais.

GIUSEPPE. Gésu Maria ! (Il se signe et sort précipitamment.)

NAPOLÉON (jetant les lettres en tas sur la table). Maintenant. (Il s'assoit à table dans la chaise qu'il vient de placer.)

DAME. Oui; mais tu sais que tu as LA lettre dans ta poche. (Il sourit, sort une lettre de sa poche et la jette par-dessus le tas. Elle la tient et le regarde en disant) A propos de la femme de César.

NAPOLÉON. La femme de César est au-dessus de tout soupçon. Brûle le.

DAME (prenant les extincteurs et tenant la lettre à la flamme de la bougie). Je me demande si la femme de César serait au-dessus de tout soupçon si elle nous voyait ici ensemble !

NAPOLÉON (lui faisant écho, les coudes sur la table et les joues sur les mains, regardant la lettre). Je me demande! (La Dame étrange pose la lettre allumée sur le plateau à mouchettes , et s'assied à côté de Napoléon, dans la même attitude, les coudes sur la table, les joues sur les mains, la regardant brûler. Quand elle est brûlée, ils tournent simultanément les yeux et regardent les uns les autres. Le rideau se glisse et les cache.)